国家出版基金项目
NATIONAL PUBLICATION FOUNDATION

大時代書系

主编◎厉以宁 艾丰 石军

中国新型城镇化理论与实践丛书

新型城镇化进程中的人口流动与农村家庭发展

中国新型城镇化理论与实践丛书
编委会

总　序

2012 年 11 月，中国共产党第十八次代表大会提出，中国要推进“新型城镇化”。

2013 年 12 月，中共中央召开了自新中国成立以来的第一次城镇化工作会议。

2014 年 3 月，中共中央、国务院印发了《国家新型城镇化规划(2014—2020 年)》。

我国进入了新型城镇化重要时期。

习近平同志在中央城镇化工作会议上的讲话指出，推进新型城镇化是解决农业、农村、农民问题的重要途径，是推动区域协调发展的有力支撑，是扩大内需和促进产业升级的重要抓手，对全面建成小康社会、加快社会主义现代化具有重大的现实意义和深远的历史意义。李克强同志多次强调，新型城镇化是现代化的必由之路和必需之策。

到目前为止，成功实现工业化、城镇化进而达到现代化的发达国家，人口加起来总共约 10 亿。如果到 21 世纪中叶，中国城镇化率达到 80%，转移人口将达到 12 亿左右，超过发达国家的人口总和，其规模之宏大和问题之复杂，在世界城镇化历史上是空前的。顺利完成中国城镇化，堪称中国历史发展的奇迹，也是世界发展史上的奇迹。

顺利推进新型城镇化，关键在于理论和实践的结合。它包括几个层次：

一是掌握城镇化的基本规律。

二是找到中国城镇化的特殊规律。

三是认识新型城镇化的内涵和要求。

四是根据以上认识，作出相应的决策，包括战略、规划、政策和措施。

五是在实施过程中，根据实践经验不断深化认识和改进操作。新型城镇化是一个新事物，没有现成的套路可以照搬，必须在理论和实践的结合中，不断前进。

本着为新型城镇化作出一份贡献的宗旨，特编辑出版了这套“中国新型城镇化理论与实践丛书”。

一、世界城镇化进程基本规律

世界城镇化已经有了260年的历史，贯穿了人类社会工业化和现代化的整个历程。其内在基本规律可以概括如下：

城镇化的基本矛盾是要素整合和空间配置的关系。社会生产力的发展靠要素整合，而要素整合离不开空间配置。要素整合和空间配置的互动互促，是城镇化的实质。

（一）六个要点

由此基本矛盾派生出城镇化基本规律的六个要点：

一个根据。劳动生产率。人类社会进步的基本动因是劳动生产率提高。工业靠人口的城镇聚集提高劳动生产率，农业靠减少农村人口提高劳动生产率。这是城镇化的基本根据。

二力协调。工业的拉力和农业的推力。农村人口转移是靠一拉一推实现的。而且，拉力和推力必须协调，两力不协调就会出现问题。

三个要素。人、业、地是城镇化的三个基本要素。人是核心，业是支撑，地是载体。所谓城镇化，就是恰当运作这三个基本要素，以达到社会进步的目的。

四类主体。政府、企业、居民、智库。城镇化是这四类主体协作参与的社会工程。在发挥市场配置资源的决定性作用和更好地发挥政府作用的原则下，由政府统领，这四类主体各就各位、各尽所能、互相协作、形成合力，才能顺利推进城镇化。

五种杠杆。资源、资金、技术、文化、谋略。这些杠杆要素在城镇化的实施中，分别起着依托、融合、提升、活力、统筹的作用。

一个成果。现代化城镇体系建设。城镇体系包括宏观体系、中观体系、微观体系。城镇体系也包括实体体系、关系体系、文化体系。

（二）五项原则

分析世界各国城镇化经验教训，可以总结出五项原则：

1. **有序原则。**城镇化基本按照“地点转换，职业转换，身份转换”的顺序进行。
2. **同步原则。**城镇化进程要与产业支撑同步发展。
3. **渐进原则。**城镇化是一个自然发展过程，不可操之过急。
4. **匹配原则。**城镇化的模式要与国情相匹配。
5. **持续原则。**城镇化进程要可持续，城镇发展要可持续。

六个要点和五项原则，可以成为对城镇化规律的基础性认识。

二、中国城镇化历程

中国城镇化的伟大历史进程已经清晰地展现在我们眼前。

过去 65 年，中国城镇化走过了曲折发展的道路。

1. **新中国成立初期 10 年。**新中国成立初期 10 年，城镇化启动，城镇化率从 1949 年的 10.6% 提高到 1957 年的 15.6%。

2. **1958—1978 年。**1958 年以后进入停滞期，到 1978 年，城镇化率达到 17.9%。20 年的时间城镇化率只提高 2.3%，城镇化速度年均 0.1%。

3. **改革开放以后至 2013 年。**改革开放以后，我国城镇化进程明显加快，到 2013 年已上升到 53.7%，年均城镇化速度在一个百分点以上。城镇常住人口从 1978 年的 1.7 亿增加到 2013 年的 7.3 亿，城市数量从 193 个增加到 658 个，建制镇从 2173 个增加到 20113 个。京津冀、长三角、珠三角三大城市群初步形成，西部和东北地区城市焕发出新面貌。

目前，我国城镇化正处在城镇化率30%～70%的中期阶段，城镇化率为53.7%，如果按户籍人口计算，城镇化率只有36%左右，低于发达国家80%以上的平均水平，也低于类似发展中国家60%的平均水平。

4. **展望未来。展望未来，还有非常艰巨的任务。**《国家新型城镇化规划（2014—2020年）》提出的目标是，到2020年，城镇化率达到60%左右，户籍人口城镇化率达到45%左右。

还可以设想，到2030年，城镇化率达到70%左右，而后再用20年，即到2050年，城镇化率达到80%左右，同时做好相应的调整和提高工作。

这就是说，新中国的城镇化将走过100年的历程，新中国成立100周年，将是中国城镇化基本完成之时，也是中国现代化程度达到中等发达国家水平之日，两者基本重合。

三、中国城镇化特色

如何理解中国城镇化的“特色”？

（一）在“大反差”的条件下进行

基于国情，中国城镇化是在“大反差”的条件下进行的。

1. **人口。**“总量多”和“人均少”之间的大反差。“人均少”往往形成硬制约。如我国GDP总量居世界第二，但人均GDP排名在世界100名左右；耕地总量占国土面积的13.5%，但人均耕地1.4亩，是世界平均水平的40%。

2. **区域。**不同区域之间在自然环境、经济发展、人口聚集等方面的大反差。由黑河到腾冲划出的所谓“胡焕庸线”，东南侧占全国43.18%的国土面积，集聚全国93.77%的人口，产出95.7%的GDP。西北一侧占56.82%的国土面积，集聚全国6.23%的人口，产出4.3%的GDP。

3. **城乡。**城乡二元结构形成的大反差。劳动生产率方面，农村人口占全国人口将近一半，而农业的GDP贡献率只有10%左右；农村居民和城镇居民购买力之比是1∶3；城乡二元体制。

4. **城镇。**大城市、特大城市和中小城市、小城镇之间的大反差。大城市急剧膨胀，中小城市、小城镇容量不足。

5. **经济**。落后农业国的起点和现代化目标之间的大反差。面临传统工业化补课和现代化赶超的双重历史任务。飞船早已上天，还有几千万人没有解决温饱问题。

（二）中国城镇化任务艰巨复杂

从国际比较看，中国城镇化任务非常艰巨复杂。

1. **转移人口总量大**。过去 65 年，城镇常住人口增加 5.6 亿，到城镇化基本完成时，累计转移农村人口 12 亿之众。这个数量是人类总人口的 1/6。

2. **区域发展不平衡**。目前我国东部城镇化率为 62.2%，中部城镇化率为 48.5%，西部城镇化率为 44.8%。三个不同区域城镇化所处阶段和面临的问题很不相同。由此出现了世界少有的区域人口大流动的现象。

3. **城镇模式多样化**。我国有人口稠密的地方，也有地广人稀的地方；有城镇密集的地方，也有城镇稀疏的地方。人均土地、人均资源、人均 GDP 的巨大差异，必然形成城镇模式上的多样化。中国各地各类城镇应该采取的模式可以说囊括了世界各国的各种模式。

4. **时间跨度比较长**。中国基本完成城镇化需要 100 年左右的时间。在世界各国中，这个时间跨度是比较长的，也是世界人口最多的国家城镇化所必需的。

5. **国际影响深远**。在世界经济全球化的今天，世界最大的发展中国家的城镇化，其影响和意义必然超越国界。外国经济学家把中国城镇化看成推动 21 世纪世界经济发展的两大引擎之一，是有道理的。中国城镇化和世界经济发展的互动，成为必然。

（三）城镇化进程中存在的六个“滞后”

立足当前，必须正视城镇化进程中存在的六个“滞后”。

1. **城镇化滞后于工业化**。我国第二和第三产业增加值占 GDP 的比重达到 90%，而城市人口和农村人口的比例是 54∶46，城镇化率低于同等工业化水平的国家。

2. **人口城镇化滞后于土地城镇化**。城镇化过程存在着重“物的城镇化”，轻“人的城镇化”的倾向。城市结构松散，占地过多，城镇用地增长快于人口容纳增长。

3. **城市建设滞后于城镇化速度**。城市基础设施、公用服务设施、城镇住房建设远不适应城镇人口增长。

4. **身份转换滞后于职业转换**。我国目前的城镇化率，按户籍人口计算是35%，按常住人口计算是53%，相差18个百分点。这意味着有2亿多名农民工有待市民化。

5. **文化建设和生态建设滞后于实体建设**。城镇化中历史文化传承问题没有很好地解决，城镇的文化特色、地方特色、民族特色正在消失。城镇的环境污染越来越严重。

6. **城市管理滞后于城市发展**。城镇管理体制、城镇管理经验、城镇管理人才都还不适应城镇化的快速发展。

六个“滞后”说明，依靠劳动力廉价供给推动城镇化快速发展的模式难以持续，依靠粗放式消耗土地等资源推动城镇化快速发展的模式难以持续，依靠公共服务非均等化压低成本推动城镇化的模式不可持续。

四、“五位一体”的新型城镇化目标

所谓新型城镇化，就是落实科学发展观，体现工业化、城镇化、信息化、农业现代化“四化协调”和经济建设、政治建设、文化建设、社会建设、生态文明建设“五位一体”的城镇化。

具体来说，就是以人口城镇化为核心，以城市群为主体形态，以综合承载能力为支撑，以体制机制创新为保障，促进产业发展、就业转移和人口集聚相统一，走出一条以人为本、四化协调、集约高效、布局优化、生态文明、文化传承的中国特色的新型城镇化道路。

新型城镇化是基于中国城镇化的规律、适应新形势的要求、针对现存的主要问题提出来的。

可以用“三八原则”和“三五要点”具体解读新型城镇化。

（一）新型城镇化的“三八原则”

所谓“三八原则”即是：

1. **正确处理八个方面关系。**一是空间：正确处理城乡之间、不同区域之间、城镇之间、各类城区之间的关系；二是产业：正确处理产业发展和城镇化进程之间的关系和第一次产业、第二次产业、第三次产业之间的关系；三是要素：正确处理人、业、地、钱等各种要素之间的关系；四是居民：正确处理各种居民之间的关系，特别要保证不能损害农民的利益，逐步实现公共服务均等化；五是文化：正确处理传承和创新的关系，把现代化和历史文化传承统一起来；六是模式：正确处理统一和多样的关系，各个城镇既要遵循国家统一规划，又要从实际出发作出选择；七是进程：正确处理速度和质量的关系，新型城镇化必须注意条件匹配、质量优先；八是主体：正确处理政府、企业、居民之间的关系，正确处理“有形的手”和“无形的手”的关系，按照“政府引导，多方参与”的原则推进城镇化。

2. **符合八条基本标准。**一是城乡一体；二是以人为本；三是经济繁荣；四是城建现代；五是布局合理；六是文化发展；七是社会和谐；八是绿色低碳。

3. **运用八条操作要领。**一是以人口为核心；二是以产业为支撑；三是以环境做定位；四是以城建做载体；五是以土地为依托；六是以资金做杠杆；七是以制度做配套；八是以改革为动力。

强调以改革为动力，用改革的方法解决城镇化中遇到的各种问题很重要。处在社会转型期的中国，必须通过全面深化改革，克服思维、制度、体制、政策等方面不适应城镇化的制约和障碍，才能保证城镇化的顺利进行。

（二）新型城镇化的“三五要点”

所谓“三五要点”即是：

1. **抓住五个难点问题。**一是农民工市民化问题；二是土地问题；三是城镇住房和公共服务问题；四是资金问题；五是历史文化传承问题。

2. **抓住五个战略重点**。一是重视产业发展和城镇化互动。我国是发展中国家，经济建设是中心，经济发展是城镇化的支撑，城镇化是经济发展的结果，又必须促进经济持续发展。二是重视“城乡一体化”。在我们这样的农业大国，正确解决农村、农业、农民问题，在城镇化中占有特殊重要的地位。不能走牺牲“三农”的城镇化歧路。三是重视“就近城镇化”。充分发挥中小城市和小城镇的作用，就近转移人口，才能解决城镇人口容量问题、巨量人口流动问题和各类城镇人口分布严重不平衡的问题。中国把世界通行的“城市化”概念改为“城镇化”，就是出于这种考虑。四是重视现代化城镇体系建设。在宏观体系、中观体系、微观体系三个层次中，实施“中观突破”策略，把城市群建设作为城镇化的主体形态。五是重视“五位一体”。

在我们这样的发展中国家，城镇化进程中最容易出现的片面性是：重城镇建设，轻社会建设，不能及时解决新出现的城市“二元结构”问题；重经济效益，轻生态建设，不能及时解决环境恶化的问题；重现代化赶超，轻文化传承，不能很好解决文化建设问题；重实体建设，轻制度配套，不能适应城镇化管理的新要求。“五位一体”是根治这些病症的良药。

3. **抓住五种基本手段**。一是制定科学系统的城镇化规划；二是建立“政府引导，多方参与”的运行机制；三是强化城镇化的法治保障；四是建立新型城镇化的评价体系；五是执行区别对待、分类指导的工作方针。

五、关于丛书出版

近年来，在党和政府的倡导下，我国一些党政机关、社会团体、研究机构、领导干部、专家学者和企业家，对新型城镇化已经做了很多研究，出了不少成果；国家立法机关和政府部门也在积极制定相关的规划，出台了不少相关政策和措施。新型城镇化已经出现了上下关注、多方献策的大好局面。特别是中央城镇化工作会议的召开和《国家新型城镇化规划（2014—2020年）》的发布，进一步明确了新型城镇化工作的方向和要求。

这些都为本丛书的编辑出版创造了良好的条件。

我们这套“中国新型城镇化理论与实践丛书”，意在强调理论和实践的结合，并希望能够通过丛书这种形式，集思广益、博采众长，集中归纳，突出重点，达到在认识上便于全面把握，在操作上又容易借鉴的目的。

本套丛书由三部分组成。

第一部分为丛书的总论部分，全面论述了新型城镇化相关各个方面的基本问题。

第二部分为专论部分，分别就城乡一体化、人口问题、土地问题、资金和财税问题，做专门论述。

第三部分为实践操作部分，从全国选取不同类型的新型城镇化案例，每册对一个重点案例进行评介。

丛书采取开放形式，随着时间的推移，可能不断有新的分册加入。

鉴于新型城镇化的复杂性，社会上多有不同意见的讨论。本丛书提供的只是“一家之言”。如果本丛书能够对我国新型城镇化有所贡献，对新型城镇化的决策者和参与者有所帮助，就是编者和作者最大的希望和欣慰了。

本丛书是艾丰经济发展研究院的一个重点策划项目，由于涉及内容广泛，篇幅比较浩大，有多位领导同志、专家学者和企业界朋友积极参与包括组织协调、讨论撰写、出版推广等各方面的工作。在此，主编者代表发展研究院向他们表示感谢。

目录
Contents

第三章 乡城人口流动对城乡发展的影响 037

第四章 乡城人口流动对家庭发展的影响 057

前　言

在中国30多年来的改革开放进程中，随着城镇化进程的推进，流动人口增长迅猛，2010年第六次全国人口普查显示流动人口规模高达2.2亿。但是，近年来流动人口增速减缓，当前流动人口的增长已经到达拐点，2015年1%人口抽样调查数据推算流动人口规模为2.47亿，较2014年减少了600万。随处可见的流动人口成为我国人口发展最显著的特点之一。以新生代为主体的流动人口流动时间长，呈现“流动人口不流动”的现象；流动距离由近邻流动为主转变为近邻流动、中程流动、远程流动并重；流动人口受教育程度相对较低，以低端就业为主；流动人口居住条件差，以租住私房为主；流动人口融入意愿强，但是阻碍因素较多。

“乡—城流动”是人口流动最主要的形式。第六次全国人口普查数据显示，2010年“乡—城流动”人口占流动人口总量的52.72%。当前我国社会经济发展的非均衡性，尤其是城乡之间的巨大差异带动了人口在经济导向之下的空间流动，大部分农村青壮年劳动力抛家舍业、别妻离子，为城镇的发展奉献自己的体力、脑力。他们逐渐成长为一支新型劳动大军，他们被看成是这个国家现代产业工人的主体和现代化建设的重要力量。然而，受户籍制度等限制，他们年老无力时却不得不回到发展相对落后的家乡。

更重要的是，尽管外出务工提高了家庭经济水平，但同时也造成了家庭成员的分离，对家庭稳定性形成冲击。家庭和谐是社会和谐的微观基础，中国城镇化进程中的大规模人口流动冲击着原有的家庭和谐。从家庭内部关系来看，人口流动对夫妻之间、与子女之间、与父母之间的关系带来了一定的影响。而实现家庭团圆、促进家庭共同发展则是解决问题的关键。因此，建议通过市民化与农村全面发展“两条腿”来实现家庭团圆下的和谐发展。

一方面，通过市民化推动流动人口家庭化迁移。当前流动人口规模大、流动时间长；流动人口集聚东部沿海地区及大城市，但近年来中西部地区人口返乡趋势明显；流动人口尤其是新生代社会融入诉求高，市民化任务紧迫。为完成这一任务，应该进一步完善并推广积分落户等政策，推动流动人口市民化工作，实现人口流动家庭化，依托东部城市做好远程迁移人口的市民化问题、依托中西部地区对本省流动人口（包括返乡流动人口），实现其“乡—城流动”。进一步加快公共服务配置，推动包括未市民化流动人口在内的流动人口的社会融入。探索健康住房解决方案，实现居者有其屋；构建覆盖全面的养老、医疗保障体系并提高保障水平，实现“老有所依”“病有所医”；提升学校容纳量，实现学龄儿童“有书读、有学上”；加强流动人口职业培训，建立全新的教育体系，为流动人口创造上升为中产阶级的社会的和经济的通道。

另一方面，通过农村建设推动返乡人口家庭和谐发展。注重“两手抓”工作，在新型城镇化建设中，同时做好新农村发展工作。明确新农村基本公共服务均等化标准，缩小城乡差距；逐步构建城乡统一的社会保障体系，提高农村居民社会保障水平；重塑现代农业经营主体，培育适应农村人口转移和村庄变化的新形势的新型农民，引入社会资本进行劳动力职业培训，提高农村劳动效率及劳动力转移就业的效率；增强基层领导干部以民为本的治理理念与治理能力，完善村民参与公共事务治理的平台和机制、提高村民的生活归属感，促进村民自觉保持乡村风貌、传承民族文化和地域文化特色，实现农村生活安定有序、乡土文化后继有人。

第一章

城镇化进程与人口流动

新型城镇化进程与人口流动的研究背景

新型城镇化进程与人口流动的研究现状

新型城镇化进程与人口流动的研究思路与研究框架

新型城镇化进程与人口流动的研究数据与研究方法

在中国30多年的改革开放进程中，随着城镇化的不断推进，流动人口数量增长迅猛，而其中的大多数逐渐成长为一支新型劳动大军，被视为我国现代产业工人的主体和现代化建设的重要力量。人口的乡城流入增加了城镇常住人口规模，成为提高城镇化率的主要拉动力。据统计，2010年我国常住人口城镇化率为49.7%，2016年则提高至57.4%，并保持继续增长的势头。

然而，常住人口视角下的城镇化率遮掩了实际的城镇化水平，当前户籍人口城镇化率仅为41.2%。当我们考虑二元城乡户籍制度的影响时，就会发现计算得出的我国当前户籍人口的城镇化率明显低于发达国家接近80%的城镇化率水平，也低于许多同等主流发展中国家的城镇化水平。随着城镇化进程的推进，流动人口随处可见成为我国人口发展的最显著的特点之一。实际上，户籍制度捆绑的居民公共服务、社会保障等制度差异，使得大多数农民进城后，不仅难以享受到与城里人同等的待遇，还在子女教育、就业、住房、养老、医疗保障等问题上面临一系列障碍。同时也造成了家庭成员的分离，对家庭稳定性形成冲击。家庭和谐是社会和谐的微观基础，中国城镇化进程中的大规模人口流动冲击着原有的家庭和谐。

第一节 新型城镇化进程与人口流动的研究背景

一、快速城镇化带来的问题

在中国30多年来的改革开放进程中，随着城镇化进程的推进，流动人口增长迅猛，2010年第六次全国人口普查显示流动人口规模高达2.2亿，较2005年增长49.99%①。流动人口中的大多数逐渐成长为一支新型劳动大军，他们被看成是这个国家现代产业工人的主体和现代化建设的重要力量，他们是农民工。人口流动促进了社会的发展，增加了流动人口的收入，但同时也造成了家庭成员的分离，对家庭稳定性形成冲击。目前有关流动人口的研究多从规模、特征、流动趋势等角度出发，并延伸到对流动儿童、留守儿童、留守老人等细分群体的研究。但是，现有针对这些群体的研究多是独立的，这忽略了极其重要的家庭成员互相之间的关系。而近年来频频见诸报端的悲惨事件逐渐引发了社会各界，尤其是研究者对人口流动与家庭和谐关系的思考。这就使得本书在对于当今之中国社会的学术解构方面产生了深远而现实的意义。

自新中国成立以来，中国城镇化历经了曲折的发展过程，城镇化轨迹不符合诺瑟姆定律。当前城乡二元结构分化严重，城乡经济发展差距大，

---

① 郑真真.中国流动人口变迁及政策启示［J］.中国人口科学，2013（1）：36－45.

人口“乡—城流动”规模大并仍旧处于上升阶段，乡—城人口流动是城镇化水平提高的主要来源。世界城市经验表明，发展现代服务业不能替代低端生活服务业。城市不可或缺的非正规部门，如家政服务、饭店或酒吧、保安等，往往成为外来人口集聚的领域。流动人口是城市地区尤其是特大城市的有机组成部分。

然而，常住人口视角下的城镇化率遮掩了实际的城镇化水平。当我们考虑到二元城乡户籍制度的影响，计算出我国当前户籍人口的城镇化率仅为35%左右，这不仅明显低于发达国家近80%的城镇化水平，也低于许多同等主流发展中国家的城镇化水平。实际上，户籍制度捆绑的居民公共服务、社会保障等制度差异，使得大多数农民进城后，不仅难以享受到与城里人同等的待遇，还在子女教育、就业、住房、养老、医疗保障等问题上面临一系列障碍。

伴随着流动人口的增加，国家与各地方政府相应出台了很多与流动人口切身利益密切相关的政策，然而，这些政策的受益主体是流动人口个体而非流动家庭。家庭作为社会的基本单位，是市场经济重要的消费单位，也是社会治理的基本单元，更是深入认识中国文化的切入点。同时，各地区也开始逐渐推出积分落户等市民化政策，进一步推动流动人口的市民化工作。新型城镇化“以人为本”，要认清农业转移人口市民化是推动城乡发展一体化重点和难点这一现实。通过人口的空间流动和社会流动，全面释放全民的创造力和创新能力，提升生活质量，从而释放内需潜力，提高生产效率，破解二元结构，促进社会公平与进步。因而，在实证分析的基础上，探讨如何将家庭和谐作为政策目标纳入流动人口及市民化相关政策体系中、提出系统的市民化架构体系具有重要的政策价值。

二、新型城镇化进程与人口流动的研究意义

西方学者从对人口迁移的研究中发展出很多相关理论，主要包括推拉

力理论、迁移决策理论、迁移系统理论、引力理论，以及经济学中的相关理论等。这些理论主要侧重对“迁移决策”的分析，即迁移者自身特征、迁移成本、迁移障碍等因素在迁移决策中的作用，而对迁移的影响及后果却未涉及。在对流动人口家庭的分析中可以借助西方理论解释留守者出于成本因素的考虑未同时流动这一现象，但是，却不能用这些理论分析人口流动对家庭和谐发展的影响。同时，我国特有的城乡二元结构以及传统的“家本位”思想难以在发达国家的研究及理论中找到答案。因而，本书在我国城镇化进程背景下基于实证研究分析人口流动的流动距离、居住模式对家庭和谐关系的影响，无疑有助于我国学界在城镇化、人口流动、家庭发展等研究领域构建合适的本土理论。

第 20 个国际家庭日的主题为“推进社会融合和代际团结”，家庭和谐是社会和谐发展的重要前提及主要目标。家庭和谐发展已成为国际议题，分析人口流动与家庭和谐的关系并探讨相关的政策建议有利于家庭和谐、代际团结目标的实现。

人口流动从“单枪匹马闯天下”的状态到“携妻带子、携老扶幼”共同流动的转变。流动人口家庭成员主要呈现三种流动状况，即家人同城流动、家人非同城流动、部分流动部分留守。此时，对于家人同城流动的，居住方式（共同居住、分开居住等）也影响到家人的沟通、交流；对于家人非同城流动或部分流动部分留守的，流动距离的远近、交流方式及交流频率均是对家庭成员和谐关系的重要影响因素。对于分散的家庭而言，为什么不能共同流动或者返乡？对于共同流动的家庭，还面临哪些问题？坦言之，城乡二元结构带来农村人口的乡城流动，这在一定程度上造成家庭的“支离破碎”；再者，户籍制度捆绑的公共服务使得流动人口实现举家迁移是当前一件相对较难的事情。因而，厘清当前流动人口的状况及与家庭成员的关系，提出通过市民化途径改善流动人口及家庭发展状况，并构建完善的市民化相关配套政策，推动流动人口完成空间流动后进一步实现社会流动，这对于新型城镇化的发展具有重要的现实意义。

第二节 新型城镇化进程与人口流动的研究现状

一、人口流动现状的研究

我国流动人口增长迅猛，流动人口随处可见成为我国人口发展的最显著的特点之一[①]，其中青年是流动人口主体，且男性比重较大，流动人口受教育程度相对较低[②]。从流动频率分析，在流入地滞留时间较长，呈现“流动人口不流动”的现象[③]，更换城市次数少[④]。从流动距离看，流动人口由近邻流动为主转变为近邻流动、中程流动、远程流动并重[⑤]。从流动人口的生活状况分析，流动人口以租住私房为主，居住条件较差[⑥]，且流动人口融入意愿强，但是阻碍因素较多[⑦]。

---

① 段成荣，杨舸. 中国流动人口状况——基于2005年全国1%人口抽样调查数据的分析［J］. 人口与社会，2009，25（4）：5－9.

② 陈丙欣，叶裕民. 中国流动人口的主要特征及对中国城市化的影响［J］. 城市问题，2013（3）：2－8.

③ 段成荣，吕利丹，邹湘江. 当前我国流动人口面临的主要问题和对策——基于2010年第六次全国人口普查数据的分析［J］. 人口研究，2013，37（2）：17－24.

④ 翟振武，段成荣，毕秋灵. 北京市流动人口的最新状况与分析［J］. 人口研究，2007，31（2）：30－40.

⑤ 陈丙欣，叶裕民. 中国流动人口的主要特征及对中国城市化的影响［J］. 城市问题，2013（3）：2－8.

⑥ 张斐，孙磊. 大城市流动人口居住状况研究——以北京市为例［J］. 兰州学刊，2010（7）：81－85. 康雯琴. 大城市流动人口非居民化居住特征研究——以上海浦东新区为例［J］. 西北人口，2005（6）：53－55.

⑦ 杨菊华. 从隔离、选择融入到融合：流动人口社会融入问题的理论思考［J］. 人口研究，2009，33（1）：17－29. 张文宏，雷开春. 城市新移民社会融合的结构、现状与影响因素分析［J］. 社会学研究，2008（5）：117－141.

二、人口流动影响的研究

人口流动是一个复杂的社会行为，其对经济社会的影响也是多重的①，学者们从多方面对流动人口带来的影响进行研究，从对流入地的影响来看，学者们一致认为人口流动有利于其经济发展②、弥补劳动力不足③、缓解城市人口老龄化进程，但是对流入城市的基础设施、管理等带来负面影响④。从对流出地的影响分析，流动人口有利于流出地思想观念改革、促进其经济发展⑤，但也有学者指出人口流动带来了土地抛荒等负面问题⑥。从对流动者自身的影响分析，一方面流动提高了流动人口自身素质、增长流动人口见识、增加收入⑦；另一方面流动促进流动人口晚婚晚育且降低其生育水平⑧、淡化性别偏好⑨，但是也给计划生育管

---

① 林友苏. 人口迁移理论简介［J］. 人口研究，1987，11（2）：55 -58.

② 孙要中、魏剑锋. 农民工单独个体流动及收入分割的经济学分析［J］. 经济体制改革，2008（6）：107 -111. 振华. 一亿农民工的六大贡献［J］. 江淮，2004（3）：15 - 17. C. Cindy Fan. Interprovincial Migration，Population Redistribution，and Regional Development in China：1990 and 2000 Census Comparisons［J］. Professional Geographer，2005，57（2）：295 - 311.

③ 李春玲. 流动人口地位获得的非制度途径——流动劳动力与非流动劳动力之比较［J］. 社会学研究，2006（5）：85 -106.

④ 蔡昉. 人口迁移和流动的成因、趋势与政策［J］. 中国人口科学，1995（6）：8 -16. 胡英，陈金永. 1990—2000 年中国城镇人口增加量的构成及变动［J］. 中国人口科学，2002（4）：40 -47. 姚华松，许学强，薛德升. 中国流动人口研究进展［J］. 城市问题，2008（6）：69 -76. 李朝晖. 人口流动与城市冲突［J］. 中国改革，2005（9）：67 -68. 叶裕民，黄壬侠. 中国流动人口特征与城市化政策研究［J］. 中国人民大学学报，2004，18（2）：75 -81.

⑤ 李强. 中国外出农民工及其汇款之研究［J］. 社会学研究，2001（4）：64 -76. 张呈琮. 人口迁移流动与农村人力资源开发［J］. 人口研究，2005，29（1）：74 -79.

⑥ 张思军，吴仁明. 农业劳动力流动对农业发展的影响［J］. 云南社会科学，2002（1）：36 -39.

⑦ 李树茁，任义科，靳小怡，等. 中国农民工的社会融合及其影响因素研究——基于社会支持网络的分析［J］. 人口与经济，2008（2）：1 -8. 孙要中，魏剑锋. 农民工单独个体流动及收入分割的经济学分析［J］. 经济体制改革，2008（6）：107 -111.

⑧ You H X，Poston D L. Are Floating Migrants in China “Child - Bearing Guerillas”?：An Analysis of Floating Migration and Fertility［J］. Asian and Pacific Migration Journal，2004，13（4）：405 - 422. 陈卫，吴丽丽. 中国人口迁移与生育率关系研究［J］. 人口研究，2006，30（1）：13 -20.

⑨ 李树茁，任义科，费尔德曼，等. 中国农民工的整体社会网络特征分析［J］. 中国人口科学，2006（3）：19 -29.

理工作带来困难。

我国现阶段的人口流动从本质上说是农村劳动力的流动，15～45岁之间的年轻劳动力是流动人口的主流[①]。大规模劳动力的乡—城转移不仅对于我国的经济发展带来深刻变化，也对家庭造成直接的或潜在的影响。家庭作为社会的基本细胞，家庭结构及其功能随着人口的迁移流动逐渐发生变化。我国近年来家庭规模的变化，既受生育水平降低、家庭结构变化等因素的影响，也受人口流动导致的家庭分离因素的影响。中国家庭户规模在20世纪50～70年代都大体稳定在4.23～4.43人之间；20世纪80年代后期至90年代初，随着计划生育的推行和家庭意识的变化，独生子女增多，家庭户规模从1982年的4.4人下降到2005年的3.13人，家庭构成呈小型化趋势，主干家庭取代了作为家庭养老基础的联合家庭，成为最常见的家庭结构。

人口流动往往使得一个完整的家庭分为两个部分，在人口流出地的部分即所谓的“留守家庭”[②]。由于家庭中成年人口尤其是成年男性人口的外出，使留守家庭的家庭结构、家庭功能发生了明显的变异。城里相对高昂的生活成本和条件有限的生活环境、高流动性和生活的诸多不确定性等因素导致了短期内无法实现整个家庭的迁移。各种后顾之忧和难以解决的现实问题使农民工往往选择单身或夫妇双方外出，妻子（丈夫）、子女或父母留在农村，从而形成了与父母、子女分隔两地的局面，一个新的弱势群体——农村“留守群体”由此产生，有人形象地称为“386199”现象[③]。作为家庭骨干成员的成年男性的长期或短期的缺位，使留守家庭成为结构不完整、功能弱化的家庭。由此导致人口流出地尤其是农村留守老人赡养

---

① 段敏芳.中国人口迁移流动现状及发展趋势［J］.中南财经政法大学学报，2003（6）：16－20.

② 周福林.我国留守家庭状况的统计研究［J］.河南教育学院学报（哲学社会科学版），2007，26（6）：92－94.

③ “386199”中，38指妇女，61指儿童，99指老人。

问题、留守儿童养育问题、留守妻子的生活负担以及婚姻生活质量问题的产生①。

人口流动的日益增多也导致“留守妻子”问题的产生。杜荣芳认为，从社会性别视角看，传统的男尊女卑思想、僵化的社会性别分工和父权文化积淀形成的性别意识是滞缓农村女性劳动力转移、形成“留守妻子”现象的深层文化因素；丈夫流出之后，农业生产和家务劳动加重了“留守妻子”的负担；传统观念让女性的劳动价值未得到应有的报偿和承认，丈夫长期外出导致婚姻、家庭问题，使得女性的权益受到侵害②。孙琼如认为，留守妻子的家庭地位并没有得到根本改变③。但是，在社会关系网络上，留守妻子通过广泛的社会互动，保持甚至扩展了半流动家庭的社会网络与社会资本，使半流动家庭作为社会网络中的节点一如既往地发挥作用，从而维护了农村社会的稳定④。

在以往的研究中发现，留守儿童往往被看作是“问题儿童”，无论是道德交往层面，还是心理健康层面⑤，抑或是学习成绩方面⑥，似乎总是存在一些障碍。教育质量差、入学率低、超龄现象严重是流动儿童受教育情况的普遍现象⑦；而且，流动人口子女家庭教育存在教育投入实用性强、教养方式缺乏民主和对孩子的期望值较高等特征⑧。学者们对留守儿童的

---

① 周福林. 我国留守家庭状况的统计研究［J］. 河南教育学院学报（哲学社会科学版），2007，26（6）：92－94.

② 杜荣芳. 从社会性别视角看农村“留守妻子”现象［J］. 农村经济，2007（6）：117－119.

③ 孙琼如. 农村留守妻子家庭地位的性别考察［J］. 山东女子学院学报，2006（2）：29－33.

④ 刘文明. 留守妻子与社会和谐：社会资本视角的分析［J］. 社会科学，2007（3）：71－75.

⑤ 张艳萍. 农村“留守子女”的教育问题及对策研究［J］. 当代教育科学，2005（13）：17－18. 黄爱玲. “留守孩”心理健康水平分析［J］. 中国心理卫生杂志，2004，18（5）：351－351.

⑥ 李金涛. 农村“留守孩现象”亟待关注［J］. 中国改革：农村版，2003（6）：49－50.

⑦ 王放. 中国城镇化进程中的流动人口子女受教育问题［J］. 中国青年研究，2005（9）：27－31.

⑧ 赵娟. 城市流动人口子女教育的现状［J］. 社会，2003（9）：17－19.

心理特征①、社会交往行为和社交技能②、主观生活满意度③以及思想价值观念和人格特征的形成④等方面也进行了分析，大多数研究认为父母的外出不利于儿童的人格、心理和社会适应性的成长。周福林、段成荣等对留守儿童的研究综述显示，留守现象会对儿童的教育方面、行为和交往方面、心理及情感方面、儿童人身安全方面都会有所影响⑤。关于留守儿童在当代社会中不能占据优势地位的解释中，有一种观点是从文化竞争力的角度加以分析的，即家庭是文化传承的关键机构，家庭会传递基本习性、培养教育气质。农民迫于生存压力而背井离乡，不完整的家庭结构导致了基本习性、社会技能传承的不连续。有限的家庭文化资本再加之文化竞争力的培养，势必减弱了农民工子女在现代社会中的竞争力；农民工子女被排斥在现代社会城市优势文化圈之外⑥。

目前，对于人口流动对留守老人的影响的研究并不多，且集中于人口流动对留守老人的不利影响，认为经济发展带来的劳动力外流削弱了家庭赡养老人的能力⑦。在经济供养方面，子女外出务工对农村留守老人的影响就存在两种不同的观点。一种观点认为，子女外出务工有利于提高子女的经济供养能力⑧；另一种观点则认为，子女外出务工削弱了对老人的经

---

① 曹加平. 农村留守儿童心理发展问题及策略思考［J］. 教育科学论坛，2005（10）：69－72.

② 李庆丰. 农村劳动力外出务工对“留守子女”发展的影响——来自湖南、河南、江西三地的调查报告［J］. 上海教育科研，2002（9）：25－28.

③ 吴霓. 农村留守儿童问题调研报告［J］. 教育研究，2004（10）：15－18.

④ 黄应圣，刘桂平. 农村“留守孩子”道德品质状况的调查与思考［J］. 教书育人，2004（22）：51－51.

⑤ 何瑞菲. 社会学视野下的留守儿童教育研究——留守儿童与文化竞争力培养［J］. 淮北职业技术学院学报，2006，5（4）：39－41.

⑥ 何瑞菲. 社会学视野下的留守儿童教育研究——留守儿童与文化竞争力培养［J］. 淮北职业技术学院学报，2006，5（4）：39－41.

⑦ Yuan Fang. The Status and Role of the Elderly in Chinese Families and Society ［J］. Chinese Sociological Review，1989，22（1）：86－99.

⑧ 卓瑛. 农村留守老人问题刍议［J］. 农业考古，2006（6）：158－158. Raohe murphy. Return migrant entrepreneur and economic diversification in two counties in south Jiangxi，china. Journal of International Development［J］，1999，pp. 661－672.

济支持[①]。在生活照料方面，Hugo认为子女外迁对老人的生活照料会产生很大的负面影响，导致潜在供养照料人数的减少和家庭养老质量的降低，并最终造成农村老人福利和健康状况的恶化[②]。中国农村外出劳动力以青壮年男性为主，其妻子和子女留在家中，或夫妻外出而子女留在家中，这瓦解了老年人传统的居住安排，形成了祖孙隔代居住的安排。农民工的增加和社会流动性的增强，正改变着中国农村扩展家庭的性质，通常他们的子女外出后，留下老人自己生活[③]。农村劳动力的外出，已经对家庭结构产生了巨大的冲击，传统家庭结构的改变必然影响家庭功能的变化，家庭对老人提供的支持正在减少。农村劳动力外流使农村家庭养老受到冲击，生活在非传统结构家庭中的老人的数量也呈上升趋势[④]。中国的研究发现，子女流动后，留守老人在居住方式上的空巢化和隔代化普遍，留守老人正由过去的照料接受者向照料提供者转变[⑤]，留守老人的生产生活负担加重[⑥]。

三、市民化研究现状

由于受中国城乡分割的二元社会结构体制和自身条件的限制，大多数农民进城后，不仅难以享受到与城里人同等的待遇，而且在子女教育、就业、住房、养老、医疗保障等问题上面临着一系列障碍。近年来“市民

---

① Wilensky H. L. Rich Democracies：Political Economy，Public Policy，and Performance [M]. University of California Press，2002.

② Hugo G. Effects of International Migration on the Family in Indonesia [J]. Asian and Pacific Migration Journal，2002，11 (1)：13 – 46.

③ Benjamin D.，Brandt L，Rozelle S. Aging，well – being，and social security in rural north china [J]. Working Papers，1998，26 (1)：89 – 116.

④ A report from mainland China：Status and needs of rural elderly in the suburbs of Shanghai [J]. Journal of Cross – Cultural Gerontology，1988，3 (2)：149 – 167.

⑤ 孙鹃娟. 劳动力迁移过程中的农村留守老人照料问题研究 [J]. 人口学刊，2006 (4)：14 – 18.

⑥ 杜鹏，丁志宏，李全棉，等. 农村子女外出务工对留守老人的影响 [J]. 人口研究，2004，28 (6)：44 – 52.

化”已成为学界及相关政府部门的研究重点。大部分研究从经济管理角度出发，研究市民化的经济意义或市民化与农民工的关系等问题。从人口学、社会学等视角出发的文献则相对较少。

《城镇化进程中农民工市民化问题研究》① 中研究表明新型城镇化发展战略的提出、促进农业转移人口有序转移等政策的出台，为农民工创造了一个良好的向现代城市居民全面转移的机遇。我国目前农民工市民化的程度比较低，土地的城镇化远远超过了人口的城镇化。

研究结果表明，目前中国农业人口转移处于快速稳定增长阶段，从政治参与、公共服务、经济生活、综合素质方面判定的2011年中国农业转移人口市民化综合程度仅为39.56%，据此推算的2012年中国真实的完全城镇化率为42.2%。考虑到中国农业转移人口规模大、市民化程度低、面临的障碍多，文章建议走中国特色新型城镇化道路要分层次、分类型、多途径推进农业转移人口市民化。

农民工产生的原因在于中国农村富余劳动力转移过程的特殊性，尤其是农村劳动力的身份转换迟滞于职业转换的现状。《城镇化进程中农民工市民化问题研究》② 中研究表明由二元结构所导致的二元的土地、户籍、社会保障、住房制度等构成目前农民工转型中遇到的最大的“制度障碍集”。新生代农民工的性别、年龄、是否具有务农经验、是否是独生子女对于市民化水平有显著的影响；而家庭因素，如打工期间是否与家人同住、父亲是否在外打工对新生代农民工的市民化水平的影响并不显著；新生代农民工主观认知层面的自评经济状况好坏以及对城市的归属感是影响其市民化水平的显著变量③。

---

① 程姝. 城镇化进程中农民工市民化问题研究［D］. 东北农业大学，2013.

② 同上。

③ 张建丽，李雪铭，张力. 新生代农民工市民化进程与空间分异研究［J］. 中国人口·资源与环境，2011，21（3）：82-88.

《农民工市民化成本效益分析》[①] 通过农民工市民化“成本”特征分析和相关研究成果的理性解读，引入农民工市民化“效益”要素，以调查统计数据为依据，对劳动力供需矛盾发展趋势和社会经济发展的客观需求进行分析认为，“成本”不应成为农民工市民化的决定因素；农民工市民化能够给社会、企业和农民工本身带来“效益”；我国外可借鉴发达国家移民管理经验、内可参考浙江嘉兴新居民管理模式和广东农民工“积分入户”政策，加快农民工市民化进程，提升农民工市民化效益。

《新生代农民工市民化程度的测度》[②] 研究发现，职业阶层的回报差异是影响新生代农民工市民化程度差异的重要因素，而受教育程度与职业阶层密切相关。

四、当前研究评述

以往研究为我们掌握流动人口现状、影响因素及流动人口家庭的状况提供了很好的参考资料，但是通过文献综述发现，目前对于人口流动对家庭和谐发展的关系研究还存在一定的局限。

（1）从研究内容看，目前对流动人口的家庭的研究主要集中在对留守儿童、流动儿童等独立群体的研究，对家庭的研究则集中在婚姻稳定性方面，未能探讨人口流动与家庭和谐发展的关系研究；以往学者对农民工市民化进行大量研究中，包括市民化的进程、市民化的影响因素、市民化的成本效益以及如何推广通过积分落户等政策推动市民化的进程。但是，这些研究更多的是以“获得户籍”为目标导向，研究的时间节点是获取户籍即可。而获取户籍后如何进一步实现新市民的社会融入？在实现了真正意义上的乡城空间

---

① 胡桂兰，邓朝晖，蒋雪清. 农民工市民化成本效益分析［J］. 农业经济问题，2013（5）：83－87.

② 周密，张广胜，黄利. 人力资本、社会资本与市民化抑制［J］. 中国人口·资源与环境，2012，22（7）：134－137.

流动后，如何实现社会流动？这一系列问题值得我们进一步去研究。

（2）从研究方法看，以往研究中所使用的方法采用单一学科的研究方法。人口流动对家庭和谐发展的影响、市民化问题的研究作为一个复杂的系统问题，需要借助公共管理学、人口学、社会学、政治学等多学科的理论与视角来充实。

（3）从研究理论导向看，现有的研究多数是从实践和应用的角度进行的，人口迁移流动的理论中未涉及其对家庭和谐发展的影响。理论是行动的先导，缺乏一定的理论指导，其实践必会有所偏失。

第三节　新型城镇化进程与人口流动的研究思路与研究框架

一、研究目标

在前期研究中，根据中国人民大学“外出务工人员生活状态调查”数据分析发现，父母外出打工的新生代农民工与父母的关系不如父母没有外出打工的，且非常显著。而且回老家次数越多的，与父母关系相对越好。那么，流动人口夫妻之间的关系呢？流动人口与子女的关系呢？而这是社会最小单位——家庭中的最基本、最重要的关系，这影响着家庭及成员的发展。以人为本的新型城镇化中，和谐的家庭关系是其重要的一方面。人口流动在推动城乡发展、提高流动人口经济收入的同时，究竟还对家庭带来怎样的影响？如何消除人口流动对家庭的影响？

在此背景下，本书拟在基于成熟的理论研究范式之下，结合实证研究基础之上，实现以下研究目标：第一，厘清人口流动的后果之一，即人口流动对城乡发展、对家庭和谐发展的影响；第二，提出通过市民化路径推动城镇化进程中人口流动及家庭和谐发展的可行性及市民化相关成本与贡献；第三，构建相对完善的、综合的市民化政策体系及干预措施，在实现流动人口“乡—城”空间流动的基础上，推动新市民的社会流动，最终促进流动人口的家庭和谐发展。

二、研究思路与内容

本书的研究内容主要包括以下几个方面：

（1）流动人口及家庭现状。根据历年人口普查资料、流动人口监测数据及其他相关数据，分析当前流动人口及家庭现状，包括流动人口规模、结构、流动距离等现状及变动趋势；人口流动的家庭化迁移趋势；等等。

（2）“乡—城”人口流动对城镇与农村地区发展带来的影响。根据历年人口普查资料、流动人口监测数据及其他相关数据，从宏观层面分析“乡—城”人口流动对城乡人口年龄结构、老龄化、抚养比等的影响；并借助人口预测的方法，测算农村劳动力转移对缓解城镇老龄化程度、提高城乡人口抚养比有很大的影响。

（3）“乡—城”人口流动对农村家庭带来的影响。根据2015年中国人民大学“农户调查”等数据资料，分析流动人口家庭的和睦状况，分析人口流动对家庭关系（夫妻之间、与子女之间、与父母之间）的影响等，探讨人口流动对家庭和谐发展的影响机制。

（4）以市民化路径推动流动人口及家庭发现的可行性分析。首先，分析当前市民化任务的紧迫性；其次，对未来人口市民化进行预测分析，包括未来市民化的空间分布及层级分布预测；最后，以广州为例，核算市民化成本及市民化对经济发展的影响等。

（5）提出相关政策建议，构建综合性的行为干预框架。在前面计量分析及质性访谈的基础上，从健康住房、均等化公共服务配置、新市民的社会流动政策的维度构建市民化实施路径；并同时提出农村人口发展制度及相关政策，实现城乡共同发展，以提升其家庭和谐发展作为政策目标。

第四节 新型城镇化进程与人口流动的研究数据与研究方法

一、研究数据

1. 人口普查及抽样调查数据

人口流动状况是人口普查及抽样调查中关键的调查问题。在 1982 年第三次全国人口普查中第一次询问流动人口状况，流动人口指户口登记状况为“常住本地一年以上，户口在外地”（本地指本县，外地指本县以外地区，1987 年抽样调查亦如此），以及“人住本地不满一年，离开户口登记地一年以上”两种人群，流动人口的规模为 657 万人；随后，在 1987 年 1% 抽样调查中，有关流动人口的调查项目包括在本地居住时间、最后一次从何地迁来（本地）、迁移原因，可用于分析分析 20 世纪 80 年代前半期我国人口迁移和流动的规模、流向和原因等。流动人口指户口登记状况为“户口在外地”的人，规模为 1810 万人。

在 1990 年第四次全国人口普查中，调查流动人口的项目有 1985 年 7 月 1 日常住地状况、迁移原因两项，为研究 1985 年至 1990 年间我国人口迁移的规模、方向、原因等提供信息。其中流动人口指户口登记状况为“常住本县、市一年以上，户口在外县、市”及“人住本县、市不满一年，离开户口登记地一年以上”两种人群，规模为 2135 万人。1995 年 1% 抽样调查中，调查项目包括何时何地来调查点居住、迁出地，以及 1990 年 10

月 1 日的常住地，为研究 1990 年至 1995 年间我国人口迁移的规模、方向等提供了很好的数据。

从 2000 年第五次全国人口普查开始，调查项目在户籍信息中包括本户籍人口中外出人数、本户外来人口人数两项，个人信息中包括出生地、迁移原因、何时及何地迁入调查点以及 5 年前的常住地几项，为综合分析我国人口迁移和流动情况，特别是 20 世纪 90 年代人口迁移和流动情况提供了很好的信息。

2. 流动人口动态监测数据

为了解流出地人口变动及基本公共卫生服务利用、计划生育服务管理等情况，根据流动人口服务管理工作和政策研究需要，国家卫生与计生委员会在全国开展了流动人口卫生计生服务流出地监测调查。本调查涉及面广，采用分层多阶段 PPS 抽样方法样本进行调查。其中的相关问题为本书的研究提供了重要的数据支撑与依据。

3. 调查数据及访谈资料

中国人民大学近年来持续开展的“千人百村”社会调查也是本书分析的主要依据。本次调查于 2015 年 7 月进行，样本包括全国 29 个省、市、自治区的 162 个村的 9838 户农户调查①。该调查是针对农户的调查，以户主或其他对家庭状况比较了解的家庭成员作为访谈对象。以家庭为单位进行的调查，可以详细地了解家庭状况及成员间的关系，适合分析夫妻关系。

---

① 根据第六次全国人口普查资料以 2601 个农业人口比例不低于 95% 的县级单位（县、县级市、区）作为抽样框，并按非农业人口比例从小到大进行排序，然后按照 1/16 的抽样比，采用系统抽样的方法抽取 162 个县级单位；在每个被抽中的 162 个县级单位中按简单随机抽样抽取 1 个行政村作为样本村。其中，北京市、上海市、香港、澳门及台湾不在抽样范围内。

二、研究方法

本书在研究中坚持宏观分析与微观分析相结合，定性分析与定量分析相互补充，实证分析与理论概括并重的系统研究方法，努力提高研究成果的理论水平和应用价值。

1. 文献分析法

结合本书的研究目标与研究内容，利用内容分析、二次分析等方法，从理论与实证研究两个角度进行分析，对国内外文献进行收集、梳理与分析，从中提取有用的理论、观点和方法，为本研究提供研究视角、理论参考和方法基础。

本书的文献分析主要包括相关理论的选择、梳理和述评，以及对研究问题的理论演绎。文献分析的主要目的是进一步理解研究的问题、寻找合适的分析工具、形成具体的研究思路，并且体现文章的可比性和承接性。通过文献分析方法，研究相关理论发展脉络，既可以作为进一步深入研究的基础，也可以从中得到启发，获取创新依据。

2. 定量分析法

在分析乡—城人口流动对家庭发展时，本书利用历次人口普查、流动人口监测数据和中国人民大学“千人百村”社会调查数据，利用描述分析、相关分析、回归模型等对家庭和睦情况、家庭交往状况、家人之间的关系等进行现状描述、相关分析及影响因素分析。

3. 人口预测法

农村富余劳动力的转移对城镇、农村都有一定的影响，过去及当前的影响我们可以根据以往调查数据进行分析。然而，未来农村富余劳动力如何转移？这种转移对城镇人口发展尤其是人口老龄化又如何影响？同时未来农民工返乡的区域分布如何？各地区、不同层级城市的市民化任务如何？

对此，本书采用人口预测的方法，根据年龄预算法对未来农村富余劳动力转移及其对城乡人口老龄化的影响进行预测分析。

4. 个案访谈法

数据资料的优势在于精确、直观和便于计量，但是由于调查目的的侧重点不同，调查数据具有不可避免的局限性。在调查的过程中，调查员同时对被访农户中具有典型代表性的人群进行访谈，了解被访者本人及家庭的相关情况，探究家人外出流动对夫妻关系、养老问题、子女教育等的影响。通过访谈，深入了解人口流动对家庭发展的影响，以及未来流动人口家庭的发展方向及市民化的可行路径等。

第二章

流动人口及家庭现状分析

流动人口变动趋势分析

流动家庭变动趋势分析

从新中国成立至20世纪80年代初期，由于实行计划经济体制，加之严格的户籍管理制度，全国流动人口数量稀少。十一届三中全会之后，我国从计划经济体制向社会主义市场经济体制转变，户籍管理逐渐放宽。伴随着改革开放，沿海地区经济发展势头迅猛，流动人口也随之迅速增长。在流动人口规模快速增长的过程中，流动人口结构也有所变化：流动人口性别构成逐渐均衡化，女性人口流动自主性加强；在人口老龄化过程中，流动人口平均年龄也呈现逐年上升的趋势，而且男性流动人口年龄略高于女性；1980年来以来，我国流动人口的受教育水平迅速提高，全国流动人口大专及以上学历的比重不断上升，呈现出持续知识化的趋势；流动人口的流动时间呈现不断增长的趋势，成为实际意义上的城市常住人口。流动人口家庭化迁移趋势开始显现，尤其是自1990年以来“民工潮”涌现后，已婚人口比例开始上升，同时流动人口举家迁移的比例不断提高，举家迁移成为流动人口的首要选择。市民化是我国未来城镇化发展的必然趋势，也是提高户籍人口城镇化率的人心所向。

第一节　流动人口变动趋势分析

一、流动人口规模变动趋势

新中国成立至20世纪80年代初期，由于实行计划经济管理，加上严格的户籍管理，全国流动人口很少。截至20世纪80年代初，全国离开户口所在地外出流动的流动人口数量不过几百万人。第三次全国人口普查数据显示，1982年我国流动人口的数量仅为657万人，只占全国总人口的0.66%。

党的十一届三中全会之后，我国从计划经济体制向社会主义市场经济体制转变，户籍管理逐渐宽松。伴随着改革开放的进展，沿海地区经济发展势头迅猛，伴随着社会生产力的迅速发展，流动人口也随着改革开放迅速增长①。中国流动人口规模在短短20多年时间内增长了21.4倍②。20世纪80年代中期以后，我国的流动人口经历了一个迅速增长的过程。1984年，以国务院《关于农民进入集镇落户问题的通知》为标志，国

---

① 学者们对流动人口的规模和变动趋势做了非常深入的研究，这些与流动人口相关的研究可能对流动人口的统计口径以及对流动人口的定义不一，但都有利于我们从不同角度加深对流动人口规模的理解。

② 如果按照调整后的流动人口规模进行计算，则增长速度慢于此速度，但改革开放以来流动人口快速增长的格局并未发生变化。

家在一定程度上放松了对农村人口进入中小城镇的控制，并由此带来对整个人口流动控制的松动，随之，流动人口在规模上迅速增长。1987 年，全国的流动人口就猛增到 1810 万人。此后，流动人口的增长更是势不可当，人口流动的目的地也逐渐突破小城镇而大量进入大中城市。根据第四次全国人口普查数据估算，1990 年全国流动人口数量达到2135 万人，占全国总人口的 1. 89%。而仅仅 5 年之后，1995 年全国流动人口的数量几乎翻了两番，达到 7073 万人，占全国总人口的比例进一步提高到 5. 86%。2000 年，全国流动人口数量超过 1 亿。进入 21 世纪以后，流动人口继续保持快速增长的势头。2005 年，全国流动人口数量达到 14735 万人。

同时，流动人口在全国总人口中所占比例大幅度提高。1982 年，流动人口在全国总人口中所占比例只有 0. 66%，那个时候，基本上感觉不到流动人口的存在。1990 年，流动人口在全国总人口中的比例提高到 1. 89%，当时，部分城市中流动人口占城市总人口的比例也提高到 10% 以上，人们对于流动人口的存在已有了很明显的感觉，整个社会对于流动人口的关注也逐渐显露出来。21 世纪以后，流动人口在全国总人口中的比例已达到 10% 以上（2005 年为 11. 27%），而在部分城市，这个比例已高达 20%，甚至 30% 以上。

总体来看，改革开放以来，我国流动人口的变动趋势可以划分为以下几个阶段：

1978—1983 年，为流动人口的低速增长期。改革开放不久，人口流动不活跃，人口流动上升速度很慢，主要是因当时改革开放起步不久，商品经济开始活跃，改革思潮处于启蒙阶段，流动人口上升的速度不是很快。

1984—1988 年，为流动人口的快速增长期。城乡经济体制改革的深入和 1983 年中央一号文件的实施，带来人口流动的加速。主要是随着城乡经

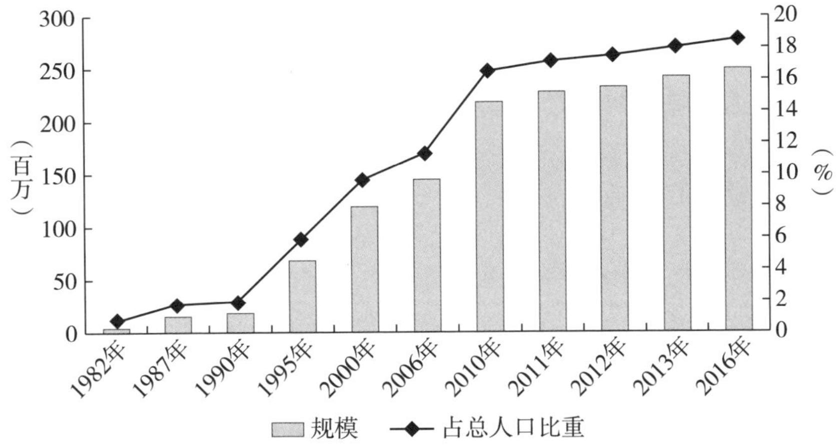

图 2-1 我国流动人口数量及占总人口比重的变动趋势

资料来源：1982—2010 年数据为当年人口普查或 1% 人口抽样调查推算数据；2011—2014 年为年度人口抽样调查推算数据。

济体制改革不断深化，大量富余劳动力从种植业中分离出来，加之城市建设突飞猛进，日益强化的城市功能辐射力加大了对农村富余劳动力的吸引，促使庞大的人口流直线上升。

1989—1990 年，流动人口发展的平缓期。国家进行治理整顿，遏制了人口流动迅速增长的势头，京、津、沪等大城市流动人口出现下滑趋势。那两年贯彻党的十三届三中全会确定的治理经济环境，整顿经济秩序和深化改革的方针，很快遏制了流动人口迅猛增长的势头。1989 年北京、广州出现的转折曲线更为明显。由于治理整顿，农业投入增多，农业自身的就业容量扩大，农民流出推力变弱。而当时乡镇企业发展虽然放慢，但对农业富余劳动力吸收仍具有很大潜力。

1991 年至今，社会主义市场经济体制的确立，边部城乡全方位的开放劳动力市场格局逐步形成，人口流动高速发展，规模迅速扩大，而且当前仍旧保持大规模人口流动的趋势。

可以看出，自新中国成立以来，无论是流动人口的快速增长，还是 1989—1990 年国流动人口增长趋缓的情况，流动人口的变动规模都与当时国家的宏观经济走势有关，同时也与国家对流动人口的整顿治理有关。

二、流动人口结构变动趋势

1. 流动人口老龄化

受过去30多年计划生育政策的影响，我国人口老龄化程度不断加重，劳动年龄人口比重也呈下降趋势，老年人口比重上升，平均年龄不断上升。

与总人口相一致的是，流动人口平均年龄也呈现逐年上升的趋势，而且男性流动人口年龄略高于女性。男性流动人口平均年龄从2000年的28.35岁上升到2010年的31.87岁，增长3.52岁；同期，女性流动人口年龄从27.26岁上升到31.41岁，增长4.15岁。男性与女性流动人口的年龄差也从2000年的1.09岁减少到2010年的0.46岁。

然而，与总人口年龄结构不同的是，流动人口的劳动力年龄人口比重相对稳定。从表2－1中可以看出，15～64岁流动人口占流动人口的比重在85%左右。与此同时，少年儿童的比重略有下降，老年人口的比重略有上升。分性别来看，0～14岁男性青少年流动人口的比重从2000年的12.15%下降到2010年的11.16%，同期女性青少年流动人口的比重则从9.91%上升到10.25%。

表2－1 流动人口年龄结构变动：2000—2010年（%）

	2000年		2005年		2010年	
	男性	女性	男性	女性	男性	女性
0～14岁	12.15	9.91	13.38	11.55	11.16	10.25
15～64岁	85.45	87.61	82.04	83.92	85.18	85.84
65岁+	2.41	2.48	4.58	4.53	3.65	3.91
平均年龄（岁）	28.35	27.26	32.07	31.33	31.87	31.41

资料来源：2000年、2010年数据人口普查数据，2005年1%人口抽样调查推算数据。

2. 女性的流动逐步自主化

改革开放之初，我国流动人口以婚迁、随迁、投亲靠友等社会型流动人口为主，而此类流动人口更多是女性。因此，在20世纪80年代初，全国流动人口的性别比明显较低，到1987年时流动人口性别比略有所上升。在20世纪80年代的我国流动人口中，女性在数量上占据了多数。

改革开放以后，从人口流动的选择性及流动目的来看，流动人口往往是青壮年劳动力尤其以男性劳动力为主，而女性则留在家里照顾孩子和老人，这也就形成了之前学者们提出的“386199”留守群体。21世纪之后，女性流动人口迅速增长。一方面源于越来越多的女性加入流动劳动力大军之中；另一方面也是由于更多的流动人口为了实现家庭团聚而以举家流动的方式出现。

随着时间的推移，在人口流动规模及结构变动的过程中，女性人口流动的原因也发生了根本性的变化，从开始的从属性流动到现在的自主流动。20世纪80年代，女性人口流动的原因主要体现为从属性流动。1982年，女性人口流动主要表现为社会型流动，婚嫁、投亲靠友、随迁家属引起的流动比例达73%。尤其突出的是，因婚姻迁入、投亲靠友和随迁家属而流动者在全部女性流动人口中所占比例分别达35.09%、19.7%和17.34%。这三种流动加在一起，占了全部女性流动人口的72.13%。这一比例，比男性流动人口的对应比例高35.16个百分点。与此形成鲜明对照的是，当时女性人口因经济原因而流动的比例仅为20.69%，尤其是“务工经商”的比例只有14.4%，比男性流动人口的对应比例低26个百分点。女性人口作为一种“附属”而流动的特点十分鲜明。这种状况持续到1990年，便逐渐开始发生变化。

2000年，社会型流动人口在全部女性流动人口中所占比例下降到59.04%，而经济型流动人口的比例达40.96%。尤其突出的是，2000年，

25.30%的女性因为“务工经商”而流动，该比例只比男性流动人口的对应比例低11个百分点。与此同时，因为学习培训而流动的女性也明显增加。至此，女性作为独立的主体而参与人口流动的地位得以确立。到2010年时，社会型流动人口在全部女性流动人口中所占比例降到45.93%，而经济型流动人口的比例则首次超过一半，达54.07%。2010年，39.14%的女性因为“务工经商”而流动，该比例只比男性流动人口的对应比例低11个百分点。

表2－2 流动人口分性别流动原因（%）

迁移原因	2000年		2005年		2010年	
	男性	女性	男性	女性	男性	女性
务工经商	36.69	25.30	48.86	37.44	50.53	39.14
工作调动	6.08	2.64	4.02	1.78	4.66	2.95
分配录用	3.81	2.46	0.92	0.56	—	—
学习培训	12.87	10.56	3.63	3.29	10.90	11.98
出差	—	—	0.37	0.28	—	—
小计	59.46	40.96	57.43	43.08	66.10	54.07
拆迁搬家	15.88	13.28	10.53	9.43	9.39	9.21
婚姻迁入	2.80	20.44	3.43	13.63	1.60	8.39
随迁家属	10.67	14.83	12.57	17.30	11.78	16.81
投亲靠友	4.76	5.28	7.62	9.24	3.75	4.73
寄挂户口	—	—	2.49	1.83	0.75	0.68
其他	6.42	5.21	5.92	5.48	6.63	6.12
小计	40.54	59.04	42.57	56.92	33.90	45.93
合计	100.00	100.00	100.00	100.00	100.00	100.00

资料来源：2000年、2010年人口普查数据，2005年1%人口抽样调查推算数据。

排除非劳动力年龄人口后，我们更能看到劳动力年龄女性人口流动原因的变化趋势。2000 年，社会型流动人口在劳动力年龄女性流动人口中所占比例为 51.55%，而经济型流动人口的比例为 48.45。尤其突出的是，2000 年，30.07% 的女性因为“务工经商”而流动，该比例只比男性流动人口的对应比例低 14 个百分点。与此同时，因为学习培训而流动的女性也有所增加。到 2010 年时，社会型流动人口在全部女性流动人口中所占比例降到 34.36%，而经济型流动人口的比例则达到 65.64%。尤为突出的是，2010 年，47.98% 的女性因为“务工经商”而流动，该比例只比男性流动人口的对应比例低 13 个百分点。

表 2-3　15~59 岁年流动人口分性别流动原因（%）

迁移原因	2000 年		2010 年	
	男性	女性	男性	女性
务工经商	44.34	30.07	60.81	47.98
工作调动	6.96	3.06	5.15	3.48
分配录用	4.74	2.95	—	—
学习培训	15.77	12.38	12.81	14.18
合计	71.82	48.45	78.77	65.64
拆迁搬家	13.31	10.71	7.55	7.29
婚姻迁入	3.35	24.25	1.67	10.08
随迁家属	3.59	9.31	4.85	10.08
投亲靠友	2.59	2.95	1.46	1.88
寄挂户口	—	—	0.54	0.49
其他	5.33	4.34	5.16	4.52
合计	28.18	51.55	21.23	34.36
合计	100.00	100.00	100.00	100.00

资料来源：2000 年、2010 年人口普查数据。

注：历年普查（调查）的流动原因项目略有变化，第五次全国人口普查的流动原因中以“拆迁搬家”取代了第四次全国人口普查的“退休退职”，2005 年 1% 抽样调查项目中的流动原因又增加了“寄挂户口”“出差”两项。

3. 流动人口文化水平优化

受教育水平和人口迁移流动的发生是密切相关的。随着社会经济的发展及国家教育事业的推进，特别是九年义务教育的普及，我国人口的平均受教育水平不断提高。流动人口的受教育水平也在不断提高，且提高速度快于全国水平，从 1982 年到 2005 年，全国人口的平均受教育年限每年提高 0. 12 年，流动人口则平均每年提高 0. 14 年。

具体来看，自 20 世纪 80 年代以来，我国流动人口的受教育水平迅速提高，呈现出明显的不断知识化的特点。具体表现在，1982 年，流动人口主要以小学学历为主（比例达 39. 30%），初中学历的比例只有 22. 69%。而文盲的比例却高达 28. 56%。接受过高中和高等教育者极少，分别只占 8. 41% 和 1. 04%。到 1987 年，流动人口的学历构成以小学为主的特点仍未改变。但一个突出的变化是，文盲的比例大幅度下降，初中和高中的比例都明显上升。

从 1990 年开始，流动人口的学历构成也进入了一个新的阶段。从 1990 年到 2005 年，流动人口中初中毕业生的比例上升到第一位，而且呈不断上升的趋势；2005 年，流动人口中文盲人口的比例已降到 5% 以下。据 1995 年小普查数据显示①，在北京市的跨省迁移人口中，1990 年 9 月 30 日以前和以后的跨省迁入人口相比，近期未上过学和只上过扫盲班的人口的比例有所下降；初中文化程度的人口占到了 77% 以上。

流动人口中，受教育水平较高人群的比重不断增大。全国流动人口大专及以上的比率在不断上升。在 1982 年，大专及以上比率仅为 1. 04%，到了 2005 年，大专及以上的比率已大幅上升到 7. 24%。5 年之后，这两个指标都升高了，2005 年的流动人口中有 2. 21% 拥有大学本科学历，0. 12%

---

① 段成荣，周皓. 北京市跨省迁入人口特征分析［J］. 人口学刊，1998（6）：23 – 27.

拥有研究生学历。2010年高学历流动人口比重再次大幅提升，流动人口中拥有大专及以上学历学历的比重提高到18.08%，其中拥有研究生学历的比重提高到0.62%。

流动人口受教育程度的提高中不可忽视的一点是，20世纪五六十年代的流动人口逐渐退出农民工队伍，新生代流动人口逐渐成为农民工的主体。较高的受教育程度在一定程度上说明流动人口接受教育、学习技能的能力更强。在未来产业结构不断升级的过程中，借助流动人口较高受教育程度的优势，对其他进行技能培训，一方面可以提高流动人口的就业能力，另一方面也可以满足产业升级对较高素质劳动力的需求，逐渐缩小当前就业市场的结构性失衡。

表2-4 1982年至2010年6周岁以上流动人口受教育程度（%）

受教育程度		1982年	1987年	1990年	2000年	2005年	2010年
文盲		28.56	16.1	12.54	4.76	4.81	1.92
小学		39.3	35.23	32.53	26.26	23.33	16.37
初中		22.69	33.95	41.35	45.43	47.41	40.97
高中		8.41	12.73	11.58	18.81	17.21	22.66
大专及以上		1.04	1.98	2	4.75	7.24	18.08
其中	专科				3.47	4.91	9.93
	本科				1.2	2.21	7.53
	研究生				0.07	0.12	0.62
平均受教育年限（年）		5.58	7.01	7.38	8.66	8.89	10.2
全国平均受教育年限（年）		5.5	5.86	6.26	7.62	8.3	9.22

资料来源：历次人口普查数据及1%人口抽样调查数据。

4. 流动的时间呈现长期化

流动人口的流动时间呈现不断增长的趋势。流动人口在流入地居住不足1年者所占比例从1987年的18.35%提高到2005年的21.4%，而长期居住者（5年以上）所占比例则由40.08%下降到31.34%。这似乎表明，流动人口在流入地的居住时间是缩短，而不是延长。其实不然，原因是1987年以后特别是1990年以后，我国流动人口进入了高速增长阶段，年均增长率超过10%。在如此快速增长的背景下，每年都有大量“新增”流动人口加入流动人口队伍中，从而导致短时间（1年以内）流动人口的比例提高，而长时间（5年以上）流动人口的比例下降。

表2-5 部分年份流动人口在流入地居住时间的构成（%）

居住时间	1987年	2000年	2005年
1年以内	18.35	22.61	21.40
1~2年	16.99	18.80	18.36
2~3年	11.80	11.16	13.57
3~4年	7.61	6.71	9.07
4~5年	5.17	6.13	6.26
5年及以上	40.08	34.59	31.34
总计	100.00	100.00	100.00

资料来源：历次人口普查及抽样调查数据。

注：其中1987年和2000年是指“在本地居住时间”，2005年是指“离开户口登记地时间”。

流动人口处于流动的时间长，成为实际意义上的城市常住人口。根据第六次全国人口普查数据来看，接近1/4的流动人口离开户籍地6年以上的时间（如图2-2所示）。流动人口在城镇的长时间生活使其日益适应城镇生活，甚至长时期居住下去，社会融入意愿强。尽管当前落户制度等因素导致流动人口处于边缘化状态，但实际上其市民化趋势已经非常明显。

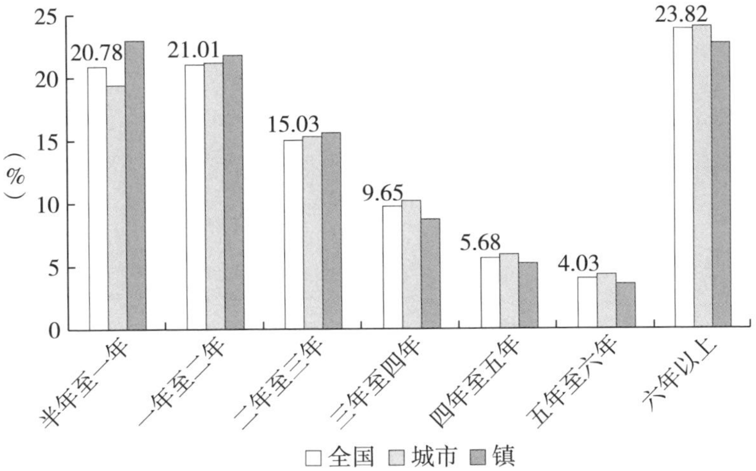

图2-2　按离开户口登记地时间划分的流动人口比重：2010年

资料来源：根据《中国第六次人口普查资料》计算。

第二节　流动家庭变动趋势分析

一、已婚人口的比例不断提高

利用第四次全国人口普查原始数据的1%抽样数据对流动人口的婚姻状况进行分析。各年龄组妇女有配偶的比例比较发现，女性流动人口的有配偶率，在54岁以下都明显大于男性流动人口；而在22岁之前高于女性居民，在22~34岁之间低于女性居民。这反映女性流动人口早婚率高。1990年女性流动人口的早婚比例占同年龄妇女的9.5%，而女性居民仅为4.7%。而在55岁以后女性流动人口有配偶比例不仅低于女性居民，而且低于男性流动人口。女性流动人口的未婚率基本与其相反，未婚比例明显低于男性流动人口未婚比例。丧偶比例比较发现，在40岁以上的女性流动人口丧偶比例不仅高于女性居民且远高于男性流动人口。女性流动人口离婚率稳定地高于女性居民而低于男性流动人口，尤其是在 30 岁以上年龄段。这说明流动人口家庭、婚姻欠稳定①。

根据国家卫计委流动人口调查数据分析，2015 年在 15 岁及以上的流动人口中，男性未婚比例为 23.4%、初婚为 74.1%、再婚为 1.3%、离婚和丧偶分别为 0.7% 和 0.4%。女性的相应比例分别为 17.4%、79.2%、1.3%、0.9% 和 1.2%。84172 名 15～59 岁已婚流动妇女中，农业户口的占 84.4%。自 2000 年以来初婚的流动妇女的平均初婚年龄为 23.7 岁。流动妇女的平均初婚年龄呈上升趋势，2014 年初婚的流动妇女平均初婚年龄比 2000 年初婚的提高了 2.75 岁。受教育程度越低，平均初婚年龄越低；农业户口流动妇女的平均初婚年龄最低，为 22.73 岁，较非农业户口的最高年龄 25.52 岁低 2.79 岁。婚前外出的流动妇女平均初婚年龄比婚后外出的大将近 1 岁。

二、举家迁移的比例不断提高

第四次全国人口普查数据表明，1990 年流动人口中只有 7.44% 是生活在纯粹由外来人口构成的家庭户（以下简称“纯外户”）中，而有近 60% 的人是迁入常住户中，其余 34% 的流动人口则是迁入集体户中。这表明，在 20 世纪 80 年代末 90 年代初，尽管当时人口流动的强度与规模比改革开放之初有明显加强，但流动人口仍然以个体流动为主，他们中的多数以住集体户或借助当地居民房屋为主，举家迁移的规模并不是很大。但在 2000 年，迁入纯外户中的流动人口的比例陡然上升到了 46.06%，几乎提高了 5 倍，举家迁移成为流动人口的首要选择②。

① 黄润龙，杨来胜. 我国流动人口基本态势研究［J］. 西北人口，2000（4）：48－52.

② 周皓. 中国人口迁移的家庭化趋势及影响因素分析［C］. 第五次全国人口普查科学讨论会. 2003：60－69.

表 2－6　1990 年和 2000 年流动人口在三种户类型中的比例（%）

	1990 年			2000 年		
	男	女	合计	男	女	合计
集体户	46.39	18.95	34.12	38.26	32.01	35.19
常住户	52.75	65.47	58.44	13.68	24.00	18.74
纯外户	0.86	15.57	7.44	48.06	43.99	46.06
合计	100.00	100.00	100.00	100.00	100.00	100.00

注："纯外户"是指户主与配偶均为流动人口的家庭户；"常住户"是指户主或配偶为当地人的家庭户。

国家卫计委 2015 年流动人口调查涉及的 206000 户流动人口家庭的 651720 名家庭成员。其中，一同在外流动的家庭成员为 538097 人，独自一人流动的有 113623 人，占调查流动人口总量的 17.43%。家庭流动的流动人口中，在流入地的平均户规模为 2.6 人。其中，1 人户占 19.6%，2 人户占 28.8%，3 人户占 30.0%，4 人户占 16.0%，5 人及以上户占 5.7%。

流动人口长期居留意愿强。2015 年卫计委调查数据显示，打算在现居住地居住 5 年及以上的为 56.1%，不打算长期居住的为 12.6%，随着年龄的增长愿意在本地长期居住的比例逐渐上升而后下降。

市民化是未来的必然趋势，提高户籍人口城镇化率乃人心所向，势在必行。2013 年已婚新生代流动人口迁移家庭化趋势不可逆转。农业转移人口市民化，城镇社会结构现代化是未来的必然趋势。流动人口尤其是新生代流动人口举家迁移趋势明显，卫计委流动人口检测调查数据显示，家庭化流动已经成为已婚新生代流动人口的主要流动模式，约占 60% 的比重；半家庭式流动的比重也较高，约为 30%。

家庭式流动以夫妻先行或者夫妻带部分子女先行为主，大多数流动人口家庭没有一次性完成核心家庭成员的整体迁移。从国家卫计委流动人口

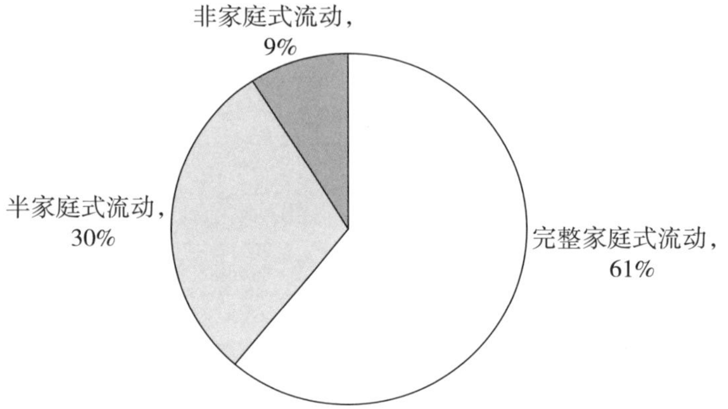

图2－3　分类型的已婚新生代流动人口家庭化模式分布

资料来源：《中国流动人口发展报告》，国家卫计委，2013 年。

注：非家庭式流动指的是已婚流动人口单独流动，未与配偶及子女等核心家庭成员在流入地共同居住；半家庭式流动指的是已婚流动人口在本地与部分核心家庭成员共同居住，但仍有部分核心家庭成员在户籍地或其他地区；完整家庭式流动指的是已婚流动人口在本地与配偶、子女等全部核心家庭共同居住。

调查数据来看，69.1% 的家庭中成员分多次流入。而且，夫妻是最主要的先行者，最常见的是夫妻先在流入地站稳脚跟，然后子女来同住。在新生代已婚流动人口中，超过 85% 的是在流入地共同居住，而且大多数是夫妻同时流入流入地，一次性流入的比重为 64.8%；其次是丈夫早于妻子到流入地，随后妻子流入，大约占 1/4 的比重。在已婚已育的新生代流动人口中，超过 60% 的流动人口带子女共同生活，而且以“一次性流入”为主，主要是与 1 个子女共同居住。

第三章

乡城人口流动对城乡发展的影响

中国流动人口规模庞大且增长迅速，2010年第六次全国人口普查显示流动人口规模高达2.2亿，劳动年龄人口是流动人口的主体，其中农村富余劳动力是核心，从农村向城市流动的乡城流动是人口流动的主要方向。

“乡—城”流动提高了流动人口的家庭经济水平。在以追逐经济利益及寻求就业的流动动力下，流动人口自身以及流出地的收入持续增加；但同时也造成了家庭成员的分离，对家庭稳定性形成冲击。从家庭内部关系来看，人口流动对夫妻之间，夫妻与子女之间、父母之间的关系带来了一定的影响。

“乡—城”人口流动对城镇与农村地区人口发展带来了影响。乡城人口流动不但对城乡的社会经济发展产生了影响，同时也影响着城乡人口的构成。人口老龄化进程中，农村大量劳动力年龄人口流向城镇，带来农村地区人口年龄结构的老化，使得城镇地区拥有更大规模、更年轻的劳动力人口；城乡均呈现少年抚养比下降、老年抚养比上升的现象，流动人口进一步向城镇集中缓解了城镇老龄化程度，城镇地区老年抚养比低于农村地区，且10年间变化幅度较小。

中国流动人口规模庞大且增长迅速，20世纪80年代初，全国离开户口所在地外出流动的流动人口数量不过几百万人，随后短短20多年时间内增长了21倍[①]。农村富余劳动力是流动人口的主流，从农村向城市流动的乡城流动是人口流动的主要方向[②]；乡城人口流动不但对城乡的社会经济发展产生了影响，同时也影响城乡人口的构成[③]，流动人口的主体是劳动年龄人口，从财富创造及年龄结构方面缓解城镇地区人口老龄化；追逐经济利益及寻求就业的流动动力下，增加了流动人口自身以及流出地的收入；但是却带来农村地区人口年龄结构的老化。

流动人口居留在城镇的时间越来越久，但是以往二元户籍制度却将他们阻隔在城镇门外，当他们发挥完自己的热量，年老后便只能返回农村。而当今流动人口市民化、城镇户籍制度改革等为农村流动人口长久生活在城镇地区提供了可能，这也意味着这些流动人口退出劳动力年龄后，可以继续在城镇地区养老生活。这种背景下，引发了学者的“农村富余劳动力的转移对城镇老龄化的缓解是‘治标不治本’”的观点，即在短时间内农村富余劳动力人口流入城镇地区，缓解城镇地区的老龄

---

① 段成荣，杨舸，张斐，等.改革开放以来我国流动人口变动的九大趋势［C］.中国人口学会2008年年会，2008：30－43.

② 赵耀辉，刘启明.中国城乡迁移的历史研究：1949—1985［J］.中国人口科学，1997（2）：26－35.罗霞，王春光.新生代农村流动人口的外出动因与行动选择［J］.浙江社会科学，2003（1）：109－113.殷京生.理论城市流动人口的就业歧视——以南京市为个案［J］.社会，2003（4）：18－19.

③ 朱传耿，顾朝林，张伟.中国城市流动人口影响因素的定量研究［J］.人口学刊，2002（2）：9－12.朱传耿，顾朝林，马荣华，等.中国流动人口的影响要素与空间分布［J］.地理学报，2001，56（5）：549－560.

化，但是随着这部分转移人口逐步进入老年后，会增加城镇地区的老龄负担。如果这种观点成立，也就意味着市民化政策对城镇地区的长期发展不利。而未来的发展是不是这种情况？对此，本书拟根据人口预测的方法对未来农村富余劳动力转移背景下对城镇人口年龄、农村人口年龄结构进行预测，并将其与农村富余劳动力未转移时进行对比，从而分析农村富余劳动力对城镇和农村的影响，是否先缓解后加重城镇地区人口老龄化程度？

第一节　乡城人口流动对城乡人口年龄结构的影响

一、农村地区劳动力呈现减少且老化的趋势

在人口年龄老化进程中，城镇地区拥有相对较高的劳动力人口规模及比重。城镇地区劳动力年龄人口比重高于农村地区（如表 3 - 1 所示）。出生人口的减少，人口年龄结构老化，劳动力年龄人口也有所提高。全国劳动力年龄人口的平均年龄从 2000 年的 34. 85 岁提高到 2010 年的 36. 49 岁，提高 1. 63 岁。城镇地区劳动力的平均年龄低于农村，2010 年城镇地区劳动力平均年龄为 35. 85 岁，较 2000 年提高 1. 6 岁，低于农村地区 1. 36 岁，且农村地区提升幅度相对也比城镇地区高。

表 3 - 1　分城乡劳动力人口平均年龄：2000 年、2010 年

	全国	城镇	农村
2000 年	34. 85	34. 26	35. 25
2010 年	36. 49	35. 85	37. 21
变动	1. 63	1. 60	1. 96

资料来源：根据《中国 2010 年人口普查资料》《中国 2000 年人口普查资料》计算。

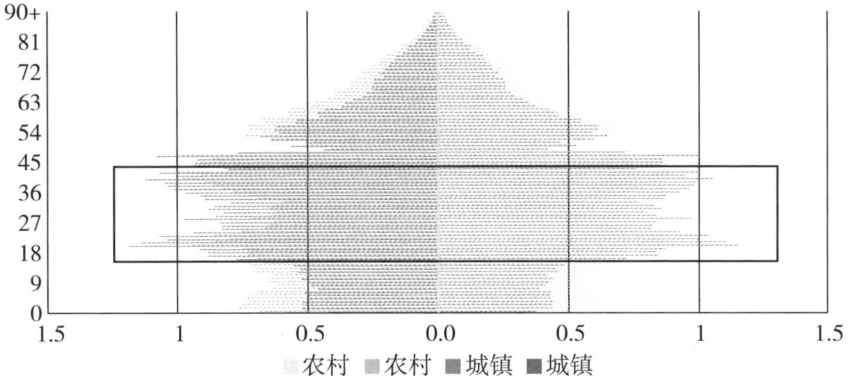

图 3－1 2010 年分城乡人口金字塔

资料来源：根据《中国 2010 年人口普查资料》计算。

从全国范围来看，2010 年我国劳动年龄人口约有 9.3 亿人，比重高达 70%，但由于老龄化程度的加深，2012 年劳动力数量长期增长的轨迹已经出现拐点，由增长转为持续下降。在劳动力数量缩减的同时，劳动力本身也不断加重老化。2000 年中国劳动力中位年龄为 33 岁，2010 年提高到 36 岁。在农村地区，流出加速并加重了劳动力人口规模的减少及老化，从图 3－2 中可以清晰地看到，与 2000 年相比，2010 年农村地区劳动力人口出现明显的老化现象，24～38 岁劳动力人口所占比重远低于 2000 年该年龄人口的比重，而较大年龄的劳动力人口占比则有一定的提高。除了人口自身老化带来的影响之外，人口流出是带来农村地区劳动力年龄人口老化的主要因素，主要是年轻劳动力的流出。

从流动人口的年龄结构来看，流入城镇地区的流动人口中，15～59 岁劳动力年龄人口为 18794 万人，占城镇地区所有流动人口的比重高达 83%，务工经商是劳动力年龄人口流动的主要原因，占 52.74%（见表 3－2）。而 0～14 岁流动儿童规模及比重相对较小，且更多的是作为随迁家属与父母一起流入城镇地区。老年人口的流入规模较小，务工经商、随迁家属、投亲靠友及拆迁搬家是主要的流动原因，但是比重相对均衡。从流动

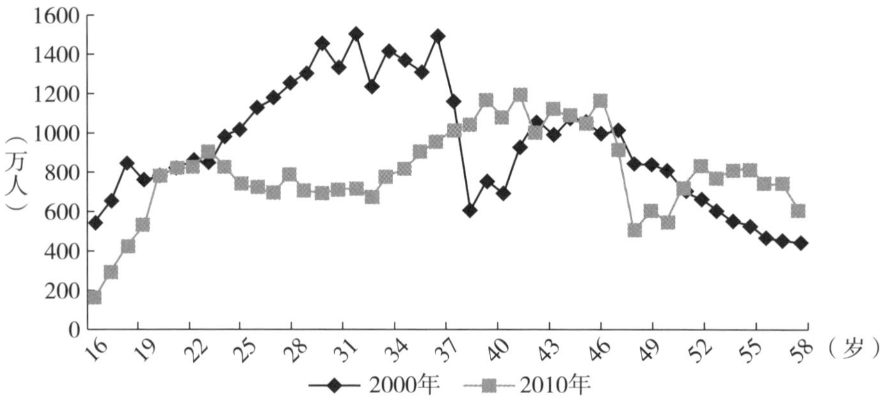

图3－2　农村地区劳动力年龄人口的年龄分布

资料来源：2000 年第五次全国人口普查、2010 年第六次全国人口普查汇总资料，国家统计局。

人口的年龄分布及流动原因中可以发现，农村富余劳动力的转移是乡城流动人口的主力军；同时，这也为后文分析少年儿童与老年人口的流动比重提供参考与依据。

表3－2　不同年龄段城镇地区流动人口流动原因分析（万人，%）

	0～14 岁		15～59 岁		60 岁及以上	
	规模	比重	规模	比重	规模	比重
务工经商	0	0. 00	9913	52. 74	191	14. 02
工作调动	0	0. 00	809	4. 30	41	2. 98
学习培训	279	11. 41	2462	13. 10	4	0. 26
随迁家属	1509	61. 78	1516	8. 06	244	17. 90
投亲靠友	229	9. 37	405	2. 16	273	20. 05
拆迁搬家	182	7. 46	1799	9. 57	338	24. 83
寄挂户口	23	0. 96	106	0. 56	21	1. 57
婚姻嫁娶	0	0. 00	734	3. 90	34	2. 50
其他	220	9. 02	1051	5. 59	216	15. 89
合计	2442	100. 00	18794	100. 00	1360	100. 00

资料来源：2010 年第六次全国人口普查汇总资料，国家统计局。

人口流动对流动者的选择性表现在方方面面，受教育程度是其选择性条件之一。政府及学界一直看中对农民工的职业培训，但是教育水平太低的农民其参与培训的意愿及接受能力都受限，他们只能从事低端的行业，这不利于流动人口的市民化，也无法使其更好地融入城镇。当然，还有一部分直接留在农村务农。也就是说，受教育水平越高，其流向城镇或者转移的可能性就越大。从农村地区劳动力年龄的受教育程度来看，低龄劳动力人口的受教育水平相对较高，而50岁及以上劳动力人口的受教育水平则以“小学”为主。至此，从年龄及受教育水平来看，农村低龄劳动力人口转移的可能性更大。

表3－3　农村地区分年龄人口受教育状况（%）

年龄	未上过学	小学	初中	高中	大专及以上	合计
15～19岁	0.74	10.33	60.64	25.06	3.23	100.00
20～24岁	0.92	11.29	62.43	16.09	9.26	100.00
25～29岁	1.36	14.54	68.03	10.71	5.36	100.00
30～34岁	1.94	21.31	65.75	8.28	2.73	100.00
35～39岁	2.37	27.78	62.77	5.74	1.34	100.00
40～44岁	2.97	33.34	57.78	5.07	0.83	100.00
45～49岁	3.75	34.26	52.63	8.57	0.79	100.00
50～54岁	6.75	45.28	38.15	9.19	0.64	100.00
55～59岁	10.27	56.83	27.97	4.48	0.45	100.00

资料来源：2010年第六次全国人口普查汇总资料，国家统计局。

二、城镇地区老年抚养比低于农村且变化幅度较小

城乡均呈现少年抚养比下降、老年抚养比上升的现象。2010年城镇少儿抚养比为18.96%，较2000年下降6.66个百分点，农村地区少儿抚养比在10年间下降11.04个百分点；2010年城镇老年抚养比为9.98%，较

2000年上升1.44个百分点，农村地区老年抚养比在10年间增加3.01个百分点。城镇地区相比农村地区较低的少儿抚养比和老年抚养比以及较低的变动与城镇地区较高的劳动力人口比重相关。

城镇地区老年抚养比的区域差异扩大，农村地区的区域差异缩小。2000—2010年十年间人口不断向东部沿海地区流动，缓解东部城镇地区养老负担，扩大城镇区域间的养老负担差异。2000年城镇地区老年抚养比差异相对较小，西部地区最低为8.01%，东部地区最高为8.95%，差异不足一个百分点；2010年时，东部地区老年抚养比最低，为9.46%，东北地区最高为11.97%，从十年间变动差异看，东部地区仅增长0.52个百分点，东北地区增长3.03个百分点。逐步蔓延全国的乡城流动，带来老年抚养比较大幅度的上升及区域间差异的缩小。2000年东北地区农村人口老年抚养比最低为8.67%，东部地区最高为12.80%，差距为4.13个百分点；2010年时，东部地区和东北地区分别提高到15.07%和10.89%，仍旧为四个区域中最高值和最低值，差距为4.18个百分点。

表3-4 分城乡人口抚养比（%）

		少儿抚养比			老年抚养比		
		全部	城镇	农村	全部	城镇	农村
全国	2000年	32.71	24.51	38.10	10.15	8.55	11.20
	2010年	22.30	18.02	27.07	11.98	9.98	14.21
	变动	-10.41	-6.49	-11.02	1.83	1.44	3.01
东部地区	2000年	29.35	22.90	35.44	10.93	8.95	12.80
	2010年	19.27	16.41	23.97	11.59	9.46	15.07
	变动	-10.07	-6.50	-11.47	0.66	0.52	2.26
东北地区	2000年	24.56	21.13	28.54	8.82	8.94	8.67
	2010年	14.84	12.86	17.63	11.52	11.97	10.89
	变动	-9.72	-8.27	-10.92	2.70	3.03	2.22

续表

		少儿抚养比			老年抚养比		
		全部	城镇	农村	全部	城镇	农村
中部地区	2000 年	35.93	27.98	39.58	10.18	8.04	11.16
	2010 年	25.34	21.14	28.88	12.21	9.90	14.15
	变动	-10.58	-6.84	-10.69	2.03	1.86	2.99
西部地区	2000 年	36.64	26.26	41.38	9.53	8.01	10.22
	2010 年	26.25	20.45	30.80	12.50	10.28	14.23
	变动	-10.39	-5.81	-10.58	2.97	2.27	4.02

资料来源：根据《中国2010年人口普查资料》《中国2000年人口普查资料》计算。

注：为了对2000年和2010年进行对比，老年抚养比是以"65岁及以上"为口径计算。

三、流动人口进一步向城镇集中，对城乡抚养比有很大影响

2010年流动人口的分布以城市（65.3%）为主，其次是建制镇（21.3%）、乡村（13.4%）。与2000年流动人口的分布情况相比，流动人口向城市集中的趋势更加明显，集中于城市的流动人口比例增加了5.9%，而分布于乡村的流动人口比例则下降了8%，分布于建制镇的流动人口比例略有增加（2.1%）。

表3-5 中国流动人口城乡分布情况（%）

	2010 年			2000 年			增减变化		
	城市	镇	乡村	城市	镇	乡村	城市	镇	乡村
全国	65.3	21.3	13.4	59.4	19.2	21.4	5.9	2.1	-8.0
东部	70.7	16.8	12.4	60.8	19.7	19.5	9.9	-2.9	-7.0
中部	59.3	28.0	12.7	60.3	17.4	22.3	-1.0	10.6	-9.6
西部	55.1	28.7	16.1	51.9	22.6	25.6	3.3	6.2	-9.5
东北	71.6	14.5	13.9	67.2	11.6	21.2	4.4	2.9	-7.3

资料来源：根据《中国2010年人口普查资料》《中国2000年人口普查资料》计算。

表 3－6　分城乡人口抚养比（%）：2010 年

		常住	排除"乡—城流动"	"乡—城流动"作用
65＋比重	城镇	7.80	8.82	－1.02
	农村	10.06	8.99	1.07
少儿抚养比	城镇	18.96	20.71	－1.75
	农村	29.10	25.79	3.31
老年抚养比	城镇	15.74	18.23	－2.49
	农村	22.75	19.57	3.18

资料来源：根据《中国 2010 年人口普查资料》《中国 2000 年人口普查资料》计算。

注：第六次全国人口普查表数据 7－2 中将人口来源层级划分为"街道""镇的居委会""镇的村委会""乡"四个类别，结合人口普查对城乡的规定，我们将"街道""镇的居委会"合并为城镇，将"镇的村委会""乡"合并为农村，并以此为依据推算流动人口中"乡—城流动"人口规模。

"乡—城人口流动"对缓解城镇老龄化程度、增加城乡人口抚养比有很大的影响。从老龄化程度来看，2010 年城镇地区 65 岁及以上老年人口比重为 7.80%，农村地区为 10.06%；而排除"乡—城流动人口"后，城镇地区老年人口比重增加至 8.82%，农村地区则降至 8.99%，即"乡—城流动"使得城镇地区老龄化程度下降 1.02 个百分点，农村地区提高 1.07 个百分点。从抚养比来看，排除"乡—城流动"后，城镇地区少儿抚养比上升到 20.71%，即"乡—城人口流动"使得城镇地区少儿抚养比下降 1.75 个百分点、农村地区上升 3.31 个百分点；"乡—城人口流动"使得城镇地区老年抚养比下降 2.49 个百分点、农村地区上升 3.18 个百分点。

第二节　农村劳动力转移对城乡人口老龄化的影响

一、农村富余劳动力的测算方法

国内外理论界给农村剩余劳动力多种界定，本书中将农村富余劳动力界定为"农业劳动力的供给量和社会需要量之差"[①]，在该界定中的农村富余劳动力是从农业生产中剩余的劳动力。有学者给出农村富余劳动力的直接计算公式为：

农村富余劳动力 = 农村总劳动力 - 乡镇企业就业量 - 个体劳动就业量 - 流入城市岗位就业量 - 农业资源可容纳有效就业量

在本书中，我们在此基础上对农村富余劳动力的计算进行调整。

农村富余劳动力 = 农村总劳动力 - 乡镇企业就业量 - 个体劳动就业量 - 流入城市岗位就业量 - 农业资源可容纳有效就业量
= （农村总劳动力 - 流入城市岗位就业量）
- （乡镇企业就业量 + 个体劳动就业量）
- 农业资源可容纳有效就业量

在这个公式中，农村总劳动力是户籍人口的15~64岁人口规模，流入城市岗位就业量是流出的劳动力规模，因而"农村总劳动力 - 流入城市岗位就业量"实际即为农村现有人口中15~64岁人口规模；"乡镇企业就业量 + 个体劳动就业量"为农村非农就业人口规模，根据以往学者的经验，我们将从事非农产业的归为非农就业人口；农业资源可容纳有效就业量是我们需要估计推算的值。

对此，我们将上述公式转换为：

农村富余劳动力 = 农村常住人口劳动力 - 农村非农就业人口 - 农业资源可容纳有效就业量

---

① 以往的一些研究中用"农村剩余劳动力"来表示农业生产劳动中劳动力供给与需求差异。考虑到很多时候农村地区农业生产劳动并非完全意义上的"剩余"，即使超过农业生产需求，也有很多劳动力参与农业生产劳动，因而本书统一将其称为"农村富余劳动力"。

其中，农村常住人口劳动力和农村非农就业人口可以直接在普查数据中获取，农业资源可容纳有效就业量需要估算。

尽管社会经济发展促进了第二、三产业的发展及对就业的吸纳，但是农村地区仍旧以第一产业为主，第二、三产业对农村就业的带动也转移到城镇地区。而且，当农民在非农产业中找不到工作时，就会退回到农业生产中，这就造成隐性失业及数据所显示的农业劳动生产率低的现象。这种背景下，我们假定农村富余劳动力全部存在于农业产业，非农产业中没有富余劳动力，对农村富余劳动力的估算等同于对农村农业富余劳动力的估算。

本书中假定2010年就业人口为农村地区实际需求的就业人口，那么2010年劳动力年龄人口与就业人口即为2010年农村地区富余劳动力，这就形成了存量富余劳动力，假定其15年内转移完成，也就是2011—2025年间每年转移2010年富余劳动力的1/15。

生产效率提高带来的富余劳动力，假定根据第一产业生产效率的提高（5%的速度）、非农就业需求人数保持2010年的水平不变化，实际需要就业人口也随之相应减少，即为每年新增的富余劳动力。这两种富余劳动力之和即为每年需要转移的农村富余劳动力。

本书要分析城乡人口转移对人口老龄化的影响，实际就是农村富余劳动力不转移的情况下与农村富余劳动力转移后城镇地区、农村地区各自人口老龄化的情况。

在富余劳动力不转移时：

城镇地区t年x岁人口 = (t - 1) 年 (x - 1) 岁人口 × (x - 1) 岁人口存活率

农村地区t年x岁人口 = (t - 1) 年 (x - 1) 岁人口 × (x - 1) 岁人口存活率

考虑富余劳动力转移时：

城镇地区 t 年 x 岁人口 = （t－1）年（x－1）岁人口 ×（x－1）岁人口存活率 +t 年 x 岁转移人口

农村地区 t 年 x 岁人口 = （t－1）年（x－1）岁人口 ×（x－1）岁人口存活率－t 年 x 岁转移人口

第一步，自然增长预测。首先要在不考虑人口转移的情况下分别对城镇地区、农村地区的人口变动进行预测，即出生与死亡的自然变动影响下的人口变动。在自然增长的预测中，需要考虑的是生育水平的变动、存活概率的变动，该部分具体预测方法请参考人口学相关数据。

第二步，富余劳动力的转移预测。在前面农村富余劳动力界定的基础上，对未来农村富余劳动力进行预测。需要指出的是，农村富余劳动力并非为转移人口，此时需要考虑转移系数，也就是究竟有多少人口、什么年龄的人口进行转移。在人口迁移理论中已经指出，人口迁移具有选择性，我们以人口的年龄及受教育程度作为其选择性的衡量指标。

第三步，随迁家庭成员的预测。随着人口迁移家庭化的趋势，劳动力年龄的人口迁移中随迁子女的规模及比重也不断增加，子女数的减少及人口老龄化的进程也使得老年人口随迁的比重有所增加。我们需要给出“带眷系数”以预测随迁家庭人员规模及结构。对 0～14 岁和 60 + 的总量进行预测，也就是假定“带眷系数”，需要我们进行预测，即 0～14 岁人口转移人口总量 =15～59 岁转移人口总量 × 带眷系数；然后，在不考虑人口迁移的情况下，按照自然变动预测的分性别年龄人口的年龄结构将其分配到各个年龄，从而得到不同年龄的转移人口规模。

第四步，实际人口变动。在自然增长预测的基础上，城镇地区各年龄人口加上农村转移人口得到自然变动及迁移变动共同影响后的城镇人口规模及结构；农村地区进行同样的计算。

表 3－7　城镇劳动力人口及老年人口趋势预测

	未转移				方案一				方案二				方案三			
	老年人口规模	劳动力人口规模	老年人口比重	老年抚养比	老年人口规模	劳动力人口规模	老年人口比重	老年抚养比	老年人口规模	劳动力人口规模	老年人口比重	老年抚养比	老年人口规模	劳动力人口规模	老年人口比重	老年抚养比
2015 年	9961	49028	14.61	20.32	10370	50792	14.59	20.31	10313	50792	14.58	20.30	10213	50317	14.59	20.30
2016 年	10428	48804	15.25	21.37	10812	50461	15.20	21.32	10757	50461	15.20	21.32	10664	50013	15.21	21.32
2017 年	10968	48477	15.99	22.63	11334	50045	15.92	22.54	11281	50045	15.92	22.54	11192	49620	15.93	22.56
2018 年	11430	48175	16.62	23.73	11775	49660	16.53	23.60	11725	49660	16.53	23.61	11641	49256	16.55	23.63
2019 年	11692	48108	16.97	24.30	12016	49514	16.86	24.16	11969	49514	16.88	24.17	11890	49128	16.90	24.20
2020 年	12019	47956	17.42	25.06	12326	49284	17.31	24.90	12280	49284	17.32	24.92	12205	48917	17.35	24.95
2021 年	12174	47959	17.64	25.38	12464	49216	17.52	25.22	12420	49216	17.53	25.23	12349	48866	17.56	25.27
2022 年	12720	47570	18.43	26.74	13000	48758	18.30	26.55	12956	48758	18.31	26.57	12887	48427	18.34	26.61
2023 年	13632	46801	19.76	29.13	13901	47929	19.61	28.89	13858	47929	19.62	28.91	13791	47616	19.66	28.96
2024 年	14325	46227	20.79	30.99	14579	47302	20.62	30.71	14539	47302	20.64	30.74	14477	47005	20.67	30.80
2025 年	15024	45543	21.83	32.99	15267	46564	21.65	32.67	15229	46564	21.67	32.71	15169	46284	21.71	32.77
2026 年	15664	44941	22.82	34.85	15887	45876	22.63	34.52	15852	45876	22.65	34.55	15797	45621	22.69	34.63
2027 年	16163	44472	23.61	36.35	16366	45326	23.42	36.00	16335	45326	23.44	36.04	16285	45092	23.48	36.11

续表

	未转移				方案一				方案二				方案三			
	老年人口规模	劳动力人口规模	老年人口比重	老年抚养比	老年人口规模	劳动力人口规模	老年人口比重	老年抚养比	老年人口规模	劳动力人口规模	老年人口比重	老年抚养比	老年人口规模	劳动力人口规模	老年人口比重	老年抚养比
2028 年	16970	43685	24. 86	38. 85	17165	44497	24. 66	38. 47	17134	44497	24. 68	38. 51	17086	44275	24. 73	38. 59
2029 年	17683	42980	26. 00	41. 14	17868	43754	25. 78	40. 73	17839	43754	25. 81	40. 77	17794	43543	25. 86	40. 86
2030 年	18507	42136	27. 33	43. 92	18684	42872	27. 10	43. 47	18656	42872	27. 12	43. 52	18613	42671	27. 18	43. 62
2031 年	19213	41379	28. 50	46. 43	19380	42081	28. 26	45. 94	19354	42081	28. 29	45. 99	19313	41889	28. 34	46. 10
2032 年	19870	40627	29. 64	48. 91	20029	41295	29. 38	48. 38	20004	41295	29. 41	48. 44	19965	41112	29. 47	48. 56
2033 年	20470	39884	30. 71	51. 32	20621	40520	30. 45	50. 77	20597	40520	30. 48	50. 83	20560	40347	30. 54	50. 96
2034 年	20987	39182	31. 69	53. 56	21131	39786	31. 43	52. 99	21109	39786	31. 46	53. 05	21073	39621	31. 52	53. 19
2035 年	21383	38525	32. 53	55. 51	21520	39099	32. 26	54. 92	21498	39099	32. 29	54. 98	21465	38942	32. 36	55. 12

表 3－8 农村劳动力人口及老年人口趋势预测

	未转移				方案一				方案二				方案三			
	老年人口规模	劳动力人口规模	老年人口比重	老年抚养比	老年人口规模	劳动力人口规模	老年人口比重	老年抚养比	老年人口规模	劳动力人口规模	老年人口比重	老年抚养比	老年人口规模	劳动力人口规模	老年人口比重	老年抚养比
2015 年	11781	42210	17.64	27.91	11589	42029	17.73	27.57	11614	42156	17.72	27.55	11659	42388	17.70	27.51
2016 年	12141	42053	18.15	28.87	11959	41922	18.25	28.53	11983	42045	18.23	28.50	12026	42265	18.21	28.45
2017 年	12560	41836	18.75	30.02	12387	41718	18.85	29.69	12410	41836	18.84	29.66	12451	42044	18.81	29.61
2018 年	12843	41698	19.15	30.80	12679	41635	19.26	30.45	12702	41748	19.24	30.42	12741	41947	19.22	30.37
2019 年	12909	41762	19.24	30.91	12753	41814	19.34	30.50	12775	41925	19.32	30.47	12812	42114	19.30	30.42
2020 年	13014	41853	19.39	31.09	12866	41949	19.49	30.67	12887	42057	19.47	30.64	12923	42237	19.45	30.60
2021 年	12983	42066	19.35	30.86	12844	42246	19.44	30.40	12864	42350	19.42	30.38	12898	42521	19.40	30.33
2022 年	13365	41895	19.92	31.90	13233	42096	20.02	31.43	13252	42195	20.01	31.41	13284	42358	19.98	31.36
2023 年	14001	41442	20.89	33.78	13875	41712	20.99	33.26	13893	41805	20.98	33.23	13923	41959	20.95	33.18
2024 年	14465	41176	21.61	35.13	14345	41483	21.72	34.58	14362	41570	21.70	34.55	14391	41716	21.68	34.50
2025 年	14977	40871	22.41	36.64	14863	41122	22.52	36.14	14879	41204	22.50	36.11	14906	41342	22.48	36.06
2026 年	15477	40457	23.20	38.26	15377	40641	23.31	37.84	15391	40712	23.30	37.81	15415	40833	23.27	37.75
2027 年	15829	40035	23.79	39.54	15734	40253	23.90	39.09	15747	40320	23.88	39.06	15770	40435	23.85	39.00

续表

	未转移				方案一				方案二				方案三			
	老年人口规模	劳动力人口规模	老年人口比重	老年抚养比	老年人口规模	劳动力人口规模	老年人口比重	老年抚养比	老年人口规模	劳动力人口规模	老年人口比重	老年抚养比	老年人口规模	劳动力人口规模	老年人口比重	老年抚养比
2028年	16374	39417	24.67	41.54	16283	39662	24.78	41.05	16296	39726	24.77	41.02	16317	39835	24.74	40.96
2029年	16779	38925	25.35	43.11	16693	39194	25.46	42.59	16705	39254	25.45	42.56	16726	39359	25.42	42.50
2030年	17242	38353	26.13	44.96	17159	38640	26.25	44.41	17171	38697	26.23	44.37	17191	38796	26.21	44.31
2031年	17570	37894	26.72	46.36	17491	38197	26.84	45.79	17502	38250	26.82	45.76	17521	38345	26.80	45.69
2032年	17837	37468	27.24	47.61	17762	37785	27.35	47.01	17773	37835	27.34	46.97	17790	37925	27.31	46.91
2033年	18029	37086	27.65	48.61	17957	37414	27.76	48.00	17968	37462	27.75	47.96	17985	37547	27.72	47.90
2034年	18156	36744	27.98	49.41	18088	37084	28.09	48.78	18098	37129	28.08	48.74	18114	37210	28.05	48.68
2035年	18157	36487	28.14	49.76	18093	36834	28.25	49.12	18102	36878	28.23	49.09	18117	36955	28.21	49.03

二、农村富余劳动力的转移趋势

富余劳动力是转移人口的主体，但是人口流动的选择性意味着有一部分人进行转移，从前文对农村地区劳动力人口的年龄结构、受教育程度以及流动人口原因的分析中，我们可以判断，年龄相对年轻、文化程度相对高的人口，转移的可能性相对较大，而年长且文化程度低的人口转移的可能性就相对较小。因而，在预测中我们对不同年龄人口设定不同的转移比例。

对于非劳动力年龄人口，首先要确定带眷系数，2010 年第六次全国人口普查时显示，在乡城流动人口中，0～14 岁少儿人口规模占 15～59 岁劳动力年龄人口的 12%，60 岁及以上老年人口为 15～59 岁劳动力年龄人口的 7.29%，也就是说，每 8 个劳动力人口的转移会带来 1 个少年儿童的转移，每 14 个劳动力人口的转移会带来一个 60 岁及以上老年人口的转移。

三、农村富余劳动力转移对人口老龄化的影响

农村富余劳动力的转移增加了城镇地区老年人口规模，同时也增加了劳动力人口规模，后者的增加幅度超过前者；农村富余劳动力的转移降低了城镇老年人口比重及老年抚养比。也就是说，尽管农村富余劳动力的转移增加了城镇老年人口规模，但是老年负担却因为劳动力更大幅度的增加而缓解。

农业转移人口市民化延缓了城镇的老龄化进程。其实，前文的假设忽略了一个重要前提条件："富余劳动力的转移同时带来年轻人口（未成年人）的流入，而且也增加了城镇新出生人口的数量。"在这个前提下，等这些新转移的劳动力步入老年时，随同迁来的以及他们新生的儿童也进入劳动力年龄，所以老龄化并未加重。

也就是说，这种富余劳动力的转移是从城镇人口金字塔的底部来

改善人口结构，并不是一种临时性的改变，再加上计划生育政策的变动本身带来的对老龄化的缓解，因此，如果富余劳动力顺利转移且是实际的就业转移，那么在很长的一段时间内，这种转移对城镇人口老龄化及老年负担均可起到缓解的作用。或者说，虽然未来城镇地区老年人口规模增加，但是增加幅度低于劳动力人口的增加幅度，所以养老负担并不增加。

农村富余劳动力转移加重了农村养老的负担。农村地区家庭养老资源减少，社会养老跟不上，养老照料问题严重。以往研究发现，与2005年相比，其2010年平均存活子女数均有较大幅度下降，这些低龄老人随着时间的推移，会进入高龄阶段，这无疑对于未来中国的养老形成一个巨大挑战。

而放眼中国未来，随着人口老龄化的加剧，无子女、无配偶老人的照料问题，独生子女家庭里身体不健康，尤其是失能老人的照料问题，城乡贫困身体不健康或失能老人的照料问题会更加严峻和突出[①]，而根据本研究的计量分析结果，我们看到了中国老年人口平均存活子女数不断下降之数据趋势，这对于身体不健康或失能老年人口，单纯依靠家庭资源，乃至在将来可能进一步完善其家庭之外的支撑体系构建的现代居家养老范畴内，已经无法满足其养老需求了。对此，完全的养老机构的发展就尤为重要。但在现阶段养老机构吸纳能力十分有限的境况下，如何能在一定时期内发展出完善的社区帮扶体系，如何发展出更充足的养老机构，并同时提高养老机构对不能居家的身体不健康或失能老人的接纳能力等都是当下政府和相关政策机构应优先考虑的问题。

---

① 潘金洪. 多视野下的政府养老责任［J］. 人口与社会，2009，25（2）：64－68.

第四章

乡城人口流动对家庭发展的影响

当前我国城乡社会经济差异仍然存在，城市经济的快速发展提供了一定的就业机会，从而吸引了大批农村劳动力前来务工。然而，流动人口在一定程度上并没有真正融入城市，受公共服务（如医疗、教育等）、住房条件、经济水平等限制，很多流动人口的子女及父母仍旧留在农村，一家人难以团聚。

由于家庭成员相隔较远，流动人口与家人日常交往中存在实时沟通上的不便，虽然通信技术的发达使得他们的联系频率有所提高，但是回家探亲频率仍旧很低。

从调查结果来看，农村家庭相对和睦，符合中国传统的“家和万事兴”的思想；在有矛盾的家庭中，消费问题是产生家庭矛盾的主要原因，其次是子女教育问题和夫妻感情问题。访谈中发现有些村民受“家和万事兴”思想的影响，更多地向外人呈现一种好的愿景，不愿讲述家人之间的矛盾；很大一部分人对家人感情并没有太在意。从受访者来看，人口流动对家人之间的关系没有明显影响，甚至有些人错误地理解为“多赚钱就是对家庭贡献大”。

外出务工在当今中国农村已经是一个普遍现象了，根本原因是农村的经济发展、就业机会、收入水平和城市有巨大的差距。当农村的生活体制被城市化进程打破时，无数青壮年不得不丢下锄头和镰刀，背井离乡，融入进城的农民工大军中去。在调查中发现，很多农村每户地约两亩，一年的收获仅够全家食用，村里农林牧副渔资源都十分匮乏，交通不便给第三产业的发展带来困难。孩子上学难，家人看病贵，这些摆在眼前的问题都使得农民不得不进城去开垦新的天地。

在湖北省某村调查时，我们发现，村里民房建设很好，路两旁整齐地竖立着一幢幢楼房，相互对望，仿佛这路正是从中间流过。然而奇怪的是，好几家大门紧闭，与农忙季节毫不相称，甚至有几户门前荒草丛生，阻断了进门的道路。好不容易找到一户人家进行访谈，这家只有老两口在家带着刚满两岁的孙女，儿子儿媳妇都外出打工。户主告诉笔者："在孙女出生之前，我们全家都在外务工，这种情形在村里并不少见。前面有一户，家长都在外面，一两年都不回来一次，几个月寄一次钱，家里就一个十六岁的女儿和一个八九岁的儿子，姐姐照看弟弟。"

在调研过程中，笔者发现受访家庭中这两年有家庭成员外出务工的比重很高，几乎每个家庭都有成员曾经外出务工，再考虑那些无人在家的家庭，这个比例恐怕会更高。务工人群和务工地点之间呈现出了这样一个特点：青壮年劳动力大多在省外务工，中老年劳动力一般在本市内务工。农民工进城在给城市带来巨大生机的同时，也使得农村出现危机。空巢老人和留守儿童比比皆是，还有少部分家庭夫妻分居两地。这样的家庭结构产生了两个主要问题：一是子女教育，老年人由于精力有限，知识水平较低，很难给予孙子孙女良好的教育；二是养老问题，老年人不论在物质上还是精神上受到的照顾较少，生活幸福指数较低。有相当一部分家庭全家外出打工，房屋常年无人居住，门前荒草丛生；有一些家庭家长都在外打工，只剩下未成年子女独自在家居住；村里常住人口下降，使偷盗现象有所上升。农村青壮年劳动力丧失的问题，越来越受到社会的重视，有一位老人受访时说，“让那些年轻人尽量不要到太远的地方去打工”，似乎让我们听到这个村庄发出了一声沉重的叹息。

城市经济发展吸引了大批农村劳动力前来务工，以期能够过上更好的生活。但是城市的硬件设施并没有跟上人口流动的发展，城市观念和生活习俗的明显差异也使得大量的农村劳动力无法真正地融入城市，也就无法将他们留在农村的老迈的父母和年幼的孩子接往城市。另外，人口政策使得家庭规模缩小，双独子女联姻的家庭客观上无法满足子女和老人一起生活的要求或许也是此类问题产生的原因。农村教育、医疗、服务资源设施的缺乏也使得空巢老人和留守儿童的情况恶化，造成了老人和儿童生活、学习、心理方面的一系列问题。

第一节　人口流动状态

一、流动人口的流动特征分析

在对农户的调查中，笔者首先询问该户家庭中每一位成员的个人信息，包括留守家人（未流动的家庭成员）及流动家人（流出外地）。接下来分析调查的家庭户中流动人口的流动特征。

从流动人口的流动距离来看，被访家庭中，外出者多数以远程流动为主。具体而言，以跨省流动为主，有4164人是跨省流动，接近流出人口1/2（比重为45.09%），其次为省内跨市流动，占1/4左右比重，市内跨县流动和县内“乡—城”的比重分别为14.67%和14.54%。

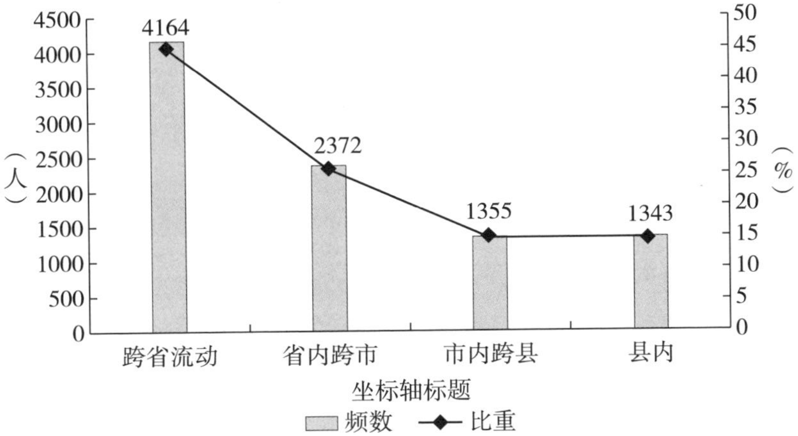

图4-1 流动人口流动距离

资料来源：2015年中国人民大学“千人百村”社会实践调查数据。

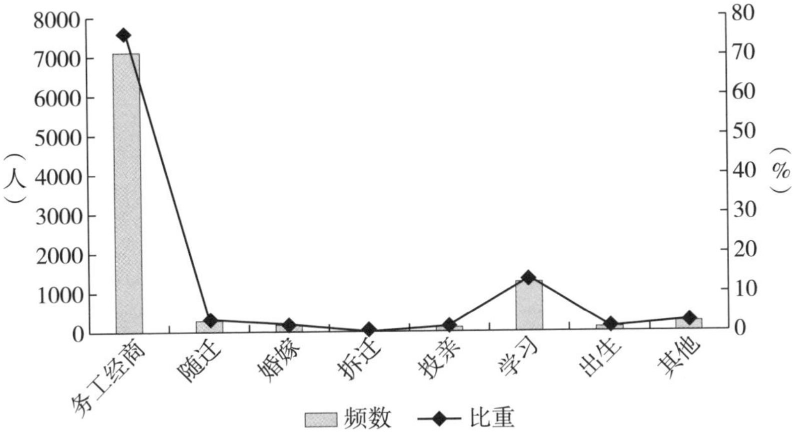

图4-2 流动人口流动原因

资料来源：2015年中国人民大学“千人百村”社会实践调查数据。

从流动人口的流动原因来看，务工经商是被调查的家庭户中流动人口最主要的流动原因。从调查结果来看，76.18%的被访家庭的流动人口是因为务工经商的原因流出；其次是因读书求学而去外地，被访家庭成员中有13.54%的流动原因是学习；另外，被访家庭成员中有3.17%是随迁家属，还有少量流动人口是因为婚嫁、拆迁、投亲等其他原因而离开户籍地。

二、家庭规模与结构

家庭规模和结构是分析家庭转变的两个最主要的维度，二者分别从量与质的不同方面系统阐释了家庭这一对象，家庭规模与结构对家庭关系有一定的影响。因而本书也根据调查的数据对被访家庭的规模及结构的变动进行系统的分析。

历史上我国的家庭并未像文学影视中记录的那样以大家庭为主，实际上两千年来我国平均家庭户规模在2.5～7之间，其中以五口之家为主。新中国成立以来我国家庭规模总体上呈现下降趋势，但是家庭规模的变动以1973年为转折点，1973年之前我国家庭户规模波动中呈现增长趋势，随后逐年缩小。其中，1960年至1962年三年自然灾害期间，平均家庭户规模呈快速下降趋势。其中，生育率的变动、死亡率的变动、思想观念的变动、社会政策的变动均影响家庭规模的变动。

根据历次普查数据的分析发现，家庭核心化现象明显，从家庭户内代数为依据划分的家庭结构看，一人户比重增加、一二代户比重减少、三代及以上户比重略微变动。从城乡角度分析，城市一代户家庭比重上升的速度高于农村。与一代户变动趋势相反，二代户家庭比重不断下降，城市下降幅度略低于农村。三代及以上户比重较低，且变动不大，但城乡差异较明显。在城镇化的背景下，随着人口老龄化及人口流动的加剧，一人户的变动呈现差异明显，且随着年龄变化，一人户的比重也不断变化。城镇与农村一人户户主的年龄分布呈现∞形，城镇一人户户主、农村一人户户主在15~19岁年龄组的比重非常接近，在20~49岁之间，均是城镇一人户户主的比重高于农村相应比重，在50~59岁年龄组，农村一人户户主在各年龄的比重均高出城镇一人户户主在相应年龄的比重。

家庭结构的分类多种多样。我们研究的家庭户是以婚姻、血缘、收养关系为纽带，根据《中华人民共和国户口登记条例》的规定，家庭关系的核心是婚姻关系，家庭结构是家庭的构成方式，因而，家庭中夫妻对数及代际关系常常是家庭结构的划分依据。一种划分标准是按照家庭户内生活成员之间的代际关系分为“一代户”“二代户”“三代户”“四代及以上户”，如普查的汇总数据就以此为划分依据，并以此进行汇总公布。也有学者将人口数量与人口代际数结合，以更好地区分单人户，将家庭结构分为“一人户”“一二代户”“三代及以上户”①。需要指出的是，在早期的中国，受户口登记制度的影响，加上城乡分化、身份不同对副食粮油等的供应不同，造成一部分“伪一人户”的存在，即他们与家人生活在一起，但是却独自拥有户口本而形成的“伪一人户”，这部分人多数是在农村工作的教师、干部、医生等，他们自己独立一个户口本，享受吃商品粮的待遇，但是其家人仍旧是农业户口，为另一个户口本；还有一部分为了多买副食品、多占宅基地等原因而将实际在一个家庭中生活的人分为多个户口本，造成一些“伪一人户”。

随着当前人口流动趋势的加剧，农村地区越来越多的人离开户籍地到城市。人口的流出一方面使得家庭规模减小；另一方面从家庭结构来看也使得家庭内代数减少。从调查数据来看，被访家庭大多是以小规模家庭为主。根据调查数据来看，被访的农户中1代户家庭有1755户，占17.8%

---

① 曾毅，李伟，梁志武. 中国家庭结构的现状、区域差异及变动趋势［J］. 中国人口科学，1992（2）：1-12.

的比重，主要是空巢老人为主的家庭；2 代户家庭有 4119 户，占调查的 41.9% 的比重；3 代户家庭有 3749 户，占 38.1% 的比重；4 代户家庭有 212 户，占 2.2%。

表 4-1　家庭内代数（户,%）

人口代数	户籍人口		常住人口	
	频率	百分比	频率	百分比
1 代人	1755	17.8	3361	34.2
2 代人	4119	41.9	3833	39
3 代人	3749	38.1	2390	24.3
4 代人	212	2.2	135	1.4
6 代人	9835	100	9719	100

资料来源：2015 年中国人民大学"千人百村"社会实践调查数据。

还有学者根据家庭内部成员之间的关系将其分为"核心家庭""直系家庭""复合家庭""单人家庭""缺损家庭"和"其他家庭"六类[①]。其划分标准为：第一类，核心家庭，是由夫妇及子女共同组成的家庭。其中，仅有一对夫妇组成的家庭称为夫妇核心家庭；由一对夫妇及子女构成的家庭称为标准核心家庭，或一般核心家庭；由父亲或母亲及子女组成的家庭称为缺损核心家庭。第二类，直系家庭：由一对夫妇及其父母、子女构成的家庭。其中，由夫妇与父母（或父母单方）构成的家庭为二代直系家庭；由夫妇与父母（或父母单方）、子女构成的家庭称为三代直系家庭。第三类，复合家庭：由父母与两对及以上已婚子女及孙子女构成的家庭。根据户内代数，可以分为二代复合家庭、三代复合家庭。第四类，单人家庭：仅由户主一人组成的家庭。第五类，缺损家庭：由两个及以上兄弟姐妹组成的家庭，或者由两个及以

① 王跃生. 当代中国家庭结构变动分析. 中国社会科学，2006（1）.

上兄弟姐妹加其他成员组成的家庭。第六类，其他家庭：由户主与不明确关系的成员构成的家庭。

在本次调查中，笔者将家庭结构划分为核心家庭、主干家庭、联合家庭和其他家庭类型。从调查结果，核心家庭是最主要的家庭类型，有4155户，占总体的42.2%；主干家庭有3841户，占总体的39%；联合家庭有485户，占总体的4.9%；其他家庭类型有1357户，占总体的13.8%。

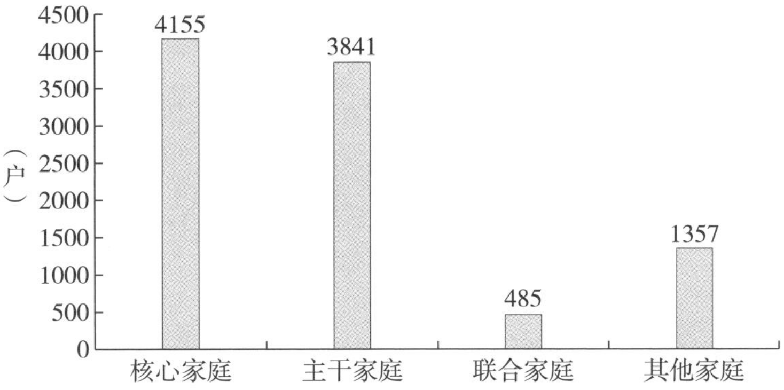

图4-3 家庭类型分布

资料来源：2015年中国人民大学"千人百村"社会实践调查数据。

人口流动不断增长的过程中，人口流动也经历了从之前的单枪匹马到携妻带子的过程。夫妻一起外出务工的不断增加，2015年调查数据显示，在调查的农户中，双方均外出务工的夫妻共有2500多对。但是，仍旧有大量夫妻处于两地分居状况。一般而言，男方外出务工女方留在老家的夫妻相对较多，有1360对；女方外出务工男方留在老家的夫妻相对较少，仅200多对。可见，一方面，男主外女主内的家庭分工仍在保留，但是女性外出的比重也在不断增加；另一方面，随着夫妻共同流动的增加，推动了人口流动的家庭化，未来流动人口市民化工作任务重。

表 4－2　家庭夫妻外出状况

	完整夫妻关系	双方均外出的夫妻对数	男方外出女方留在老家的夫妻对数	女方外出男方留在老家的夫妻对数
1 对	5792	1609	1217	200
2 对	2748	285	70	2
3 对	492	75	1	1
4 对及以上	162	37	0	1
合计	9194	2006	1288	204

资料来源：2015 年中国人民大学“千人百村”社会实践调查数据。

第二节　家庭和睦状况

一、外出务工期间与家人的交往频率

随着经济的发展，农村外出务工人员数量不断上升，大量的农村流动人口不仅对农村经济、文化等造成了巨大的影响，对于农村社会交往，特别是家庭交往也造成了深刻的影响。在我们 2015 年的调查问卷中显示，农村中有长期在外打工（每年超 6 个月）劳动力的家庭占总数的约 44.2%，接近一半，而有短期在外打工（每年不超 6 个月）劳动力的家庭占总数约 11.1%。由此可见，农村家庭劳动力中长期在外打工者已经逐渐成为农村劳动力组成的重要部分，流动人口家庭占受调查家庭的近一半，而随着经济发展，这一数据还将逐年上升。

1. 与家人联系的频率

人口外出务工拉大了家人之间的地理距离，也对家人之间的沟通与交流带来一定的阻碍。从我们的调查数据来看，农村地区外出务工者平均每年回家探亲一次的占多数（35.53%），基本是在春节期间的“返乡潮”；有21.1%的受访农户回答外出务工经商者平均每年回家两次，除去春节的团聚，一般会选择农忙时节或老人过生日等重大事情时。流动距离与回家探亲频率显著相关，在本省务工经商的回家探亲较为频繁，到省外务工经商的流动人口多数是每年回家探亲一次或两次，距离和经济实力是影响流动人口返乡探亲的重要因素。此外，返乡的时间成本与经济成本是回家探亲频率的关键因素，当前高铁等交通方式发展迅速，但是其交通成本相对较高，对于很多外出务工者尤其是以增加收入为主要目的的流动人口而言，他们仍旧选择低价的交通方式；而且，由于农民工的工作类型等原因，他们并不能跟公职人员一样拥有年假、探亲假等，甚至法定假日都无法正常休息，农民工回家耽搁的时间会损失其劳动收入，这也在一定程度上造成他们能不回家就不回家的情况。

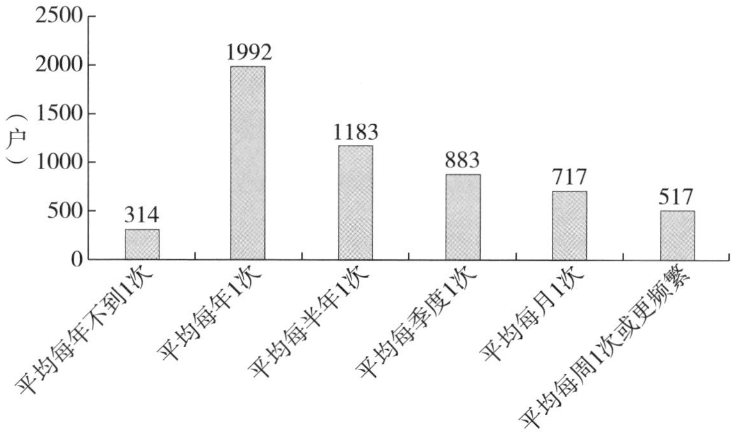

图4－4　家人外出务工经商期间回家频率

资料来源：2015年中国人民大学“千人百村”社会实践调查数据。

现代通信技术发展较快，手机等通信工具在农村的普及，使通信成本降低，为流动人口与家庭之间的联系提供了很大的便利。短信以及微信等方式越来越受到农村家庭的欢迎，调查发现，经常使用手机上网功能的农村人口占总数的54.4%，其中有3.5%的受访农户建立了家庭微信群，这更加方便了家庭成员间的交流。从与家人联系的频率来看，农村地区外出务工人员与家人的联系并没有想象中的那么频繁，被访者反映37.39%的流动人口平均两三天一次或更频繁地与家人联系，33.06%的流动人口平均每周一次，20.29%的流动人口平均每月一次。当然，由于在家接受调查的农民中很大一部分是中老年人口，外出子女与其联系并不频繁，这也从侧面反映出外出务工对其与父母关系的影响。

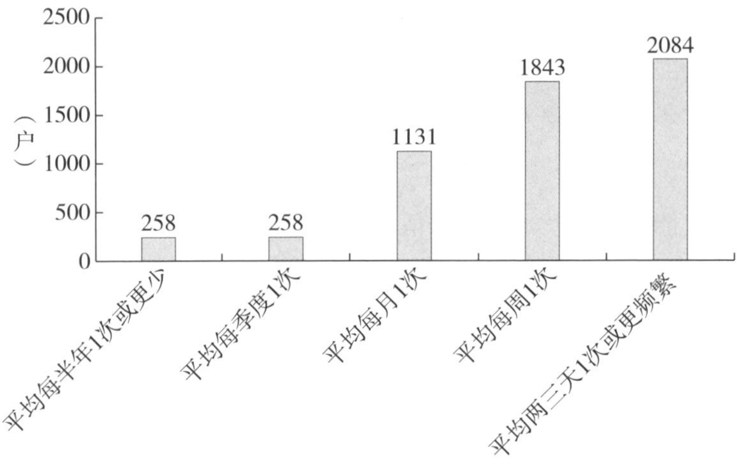

图4－5 家人外出务工经商期间与家人的联系频率

资料来源：2015年中国人民大学“千人百村”社会实践调查数据。

2. 受教育程度对与家人联系频率的影响

对于流动人口家庭当中务工人员外出期间与家人联系的频率，与外出务工人员的学历有显著的相关关系。分析发现，大部分外出务工经商者与家人的联系频率集中于平均每周1次和平均两三天1次或更频繁。其中学历为小学及以下（含文盲）的外出务工者与家人联系频率为平均每半年1次或更少的频率最高，为6.11%，联系频率为平均每季度1次和每月1次的以学历为硕博研究生最多，分别为7.55%和28.30%，联系频率为平均每周1次的以大专或高职学历最多，为42.74%，平均两三天1次或更频繁地以未入学儿童最多，达36.6%。这说明总体来看，农村外出务工经商者对于家庭来说总体非常重视，与家人联系较为频繁，但可能由于受教育程度的不同，导致外出务工时的职业等产生差异，工作的繁忙程度不同，使外出务工者与家人的联系频率产生差异。未入学儿童随父母进入城市生活，由于年龄小，会受到家人更多的关心，因而未入学儿童与农村家人联系的频率最为频繁。

表4-3　不同学历人口家人外出务工经商期间与家人的联系频率

		平均每半年1次或更少	平均每季度1次	平均每月1次	平均每周1次	平均两三天1次或更频繁	合计
未入学儿童	频数（人）	5	7	47	90	86	235
	百分比（%）	2.13	2.98	20.00	38.30	36.60	100
小学及以下（含文盲）	频数（人）	101	106	374	542	529	1652
	百分比（%）	6.11	6.42	22.64	32.81	32.02	100
初中	频数（人）	131	171	688	1183	1189	3362
	百分比（%）	3.90	5.09	20.46	35.19	35.37	100
高中/职高/中专/技校	频数（人）	51	52	283	477	479	1342
	百分比（%）	3.80	3.87	21.09	35.54	35.69	100
大专/高职	频数（人）	4	13	59	150	125	351
	百分比（%）	1.14	3.70	16.81	42.74	35.61	100
大学本科	频数（人）	26	13	111	254	225	629
	百分比（%）	4.13	2.07	17.65	40.38	35.77	100
硕博研究生	频数（人）	0	4	15	20	14	53
	百分比（%）	0.00	7.55	28.30	37.74	26.42	100
合计		318	366	1577	2716	2647	7624

资料来源：2015年中国人民大学“千人百村”社会实践调查数据。

对于农村外出务工经商的流动者，回家探亲的频率，由表4－4可以看出，大部分受调查者表示以平均每年1次或每半年1次为主总体频率分别为40.28%和22.2%。由于春节等传统节假日的影响，回家过年是外出流动者返乡的重要原因之一。但在其中有7.30%的学历为小学及以下（含文盲）的外出务工者返乡探亲平均每年不到1次，9.29%的大学本科学历流动者平均每周返乡探亲1次或更频繁。这与受教育对家庭的责任感存在一定的联系，同时也与学历造成的职业差异从而导致闲暇时间和与家乡距离的差异有关。

表4－4 不同学历人口家人外出务工经商期间回家探亲频率

		平均每年不到1次	平均每年1次	平均每半年1次	平均每季度1次	平均每月1次	平均每周1次或更频繁	合计
未入学儿童	频数（人）	16	78	64	38	35	18	249
	百分比（%）	6.43	31.33	25.70	15.26	14.06	7.23	100
小学及以下（含文盲）	频数（人）	126	794	335	238	150	82	1725
	百分比（%）	7.30	46.03	19.42	13.80	8.70	4.75	100
初中	频数（人）	197	1449	778	503	356	163	3446
	百分比（%）	5.72	42.05	22.58	14.60	10.33	4.73	100
高中/职高/中专/技校	频数（人）	72	495	274	235	189	87	1352
	百分比（%）	5.33	36.61	20.27	17.38	13.98	6.43	100
大专/高职	频数（人）	13	106	97	58	55	25	354
	百分比（%）	3.67	29.94	27.40	16.38	15.54	7.06	100
大学本科	频数（人）	25	203	165	100	83	59	635
	百分比（%）	3.94	31.97	25.98	15.75	13.07	9.29	100
硕博研究生	频数（人）	2	23	22	5	2	0	54
	百分比（%）	3.70	42.59	40.74	9.26	3.70	0.00	100
合计		451	3148	1735	1177	870	434	7815

资料来源：2015年中国人民大学“千人百村”社会实践调查数据。

二、家庭和睦情况

1. 家庭争执的频率

流动人口家庭作为农村当中一种较为特殊的家庭组成，由于家庭成员相隔较远，日常交往中存在实时沟通上的不便。但从调查数据中我们可以看出，流动人口家庭总体也以和睦为主。其中表示家庭很和睦的占受调查总数的 75.92%，是流动人口家庭的主流状态，相比非流动家庭很和睦的比例 78.15% 来说，该数据略有降低。而 22% 的家庭表示偶尔有一些摩擦，仅有 2.08% 的受访家庭表示家庭内部冲突不断或是常有矛盾，这些数据相比非流动人口家庭都略有上升，说明家庭人口流动对于家庭成员之间的关系仍然存在一些负面的影响，但是总体都不明显，说明农村家庭对于因人口流动造成的不便还是有积极的适应和调整的。

表 4－5 流动人口家庭产生争执的频率

	流动人口		非流动人口		合计	
	频率（户）	百分比（%）	频率（户）	百分比（%）	频率（户）	百分比（%）
冲突不断	18	0.35	15	0.32	33	0.34
常有矛盾	89	1.73	55	1.17	144	1.46
偶尔有一些摩擦	1130	22.00	957	20.36	2087	21.21
很和睦	3900	75.92	3674	78.15	7574	76.99
合计	5137	100.00	4701	100.00	9838	100.00

资料来源：2015 年中国人民大学“千人百村”社会实践调查数据。

2. 家庭争执的原因

调查数据中，产生矛盾的因素（夫妻感情、家庭成员就业、消费问题、子女教育问题、老人赡养问题、价值观问题）中，产生矛盾最多的是消费问题，24.1%的家庭为此产生过争执。

表4-6　流动人口家庭产生争执的频率

	消费问题		子女教育问题		夫妻感情问题	
	频率（户）	百分比（%）	频率（户）	百分比（%）	频率（户）	百分比（%）
否	3854	75.02	4539	88.36	4501	87.62
有过一两次	1027	19.99	516	10.04	570	11.10
三次以上	256	4.98	82	1.60	66	1.28
合计	5137	100.00	5137	100.00	5137	100.00

资料来源：2015年中国人民大学“千人百村”社会实践调查数据。

经济问题仍然是农村家庭关心程度较高的问题，这点与非人口流动家庭有较高的共性，由于收入不高，经济状况对于家庭造成了较大的制约作用，所以消费问题聚集了所有家庭成员的关注，由此产生的矛盾也就相应较多。对于子女教育问题和夫妻感情问题方面，分别有11.6%和11.5%的家庭就此问题产生过争执。

由于流动人口与家庭成员交流的即时性较差，且在城市工作和在家务农会由于眼界和经历不同，产生对于孩子教育和夫妻感情之间的争执。但对比无流动人员家庭，该数据并没有显著的提升，所以在农村家庭中总体以和睦为主流，同时，人口流动对于家庭内部关系并没有造成太大的影响。

3. 家庭矛盾的解决方式

根据2013年的调查问卷数据显示，农村地区解决家庭矛盾的主要方式为“协商”（54.3%）和“某一方忍让”（40.9%），在对抗激烈程度上均属于比较平和的方式，高达95.2%的比例说明绝大部分农村家庭在矛盾发生时还是以家庭内部“自我消化”为主，即多采取忍让和协商的方式化解矛盾。

表4-7 家庭内部矛盾解决方式

	频数	百分比
某一方忍让	4291	40.9%
协商	5700	54.3%
找村干部/人民调解委员会	360	3.4%
找家族或村里有威望的人解决	133	1.3%
找警察	4	0.5%
打官司	5	0.5%
合计	10493	100%

资料来源：2015年中国人民大学“千人百村”社会实践调查数据。

注：问卷中题目设置为“家里人相互有矛盾的时候，解决方式常常是?”主要考察在发生矛盾时人们较为普遍的解决矛盾方式，而不是选择过的所有行为方式。

“找村干部/人民调解委员会”和“找家族或村里有威望的人解决”二者所占比例分别为3.4%和1.3%，这与我国“熟人社会”的文化传统不无关系，尤其是在农村地区，受“家丑不可外扬”“好事不出门恶事行千里”影响更大，一个乡村里村民们的熟识、了解程度越高，越容易受到这种思想的影响。

在家庭内部发生矛盾时，选择“找警察”“打官司”的方式的是少之又少。费孝通先生认为中国社会结构和社会关系呈现差序格局的特点，即中国的社会是一个带有浓厚乡土气息的“家天下”的社会，是一个以最亲密的家族关系为核心向外拓展的同心圆，处在最内圈的是家庭。中国社会也是一个人情社会，在家庭内部“情比理大”的影响更为浓厚。与此同时，农村地区思想更为传统、保守，绝大多数人还是不愿意将自己家里的事情拿出来让左邻右舍知道，尽管是“远亲不如近邻”，但公私界限之分明还是清晰可见的，家庭内部的矛盾属于私领域，私领域里的问题在私领域里解决依然是主流，“村干部或人民调解委员会”“找警察”“打官司”等外部干涉方式处于非主流地位。

第三节 流动对家人关系的影响因素分析

家庭矛盾的产生包括多种因素，除却消费问题外，还包括夫妻感情、家庭成员就业、消费问题、子女教育问题、老人赡养问题、价值观问题等。本书中我们关注人口外出务工与家人之间的关系。从调查结果分析发现，有家庭矛盾或者争执的家庭中，分别有11.6%和11.5%的家庭因为子女教育问题和夫妻感情问题就此问题产生过争执。

调查中，笔者继续询问家人外出务工对其与家人关系（夫妻感情、与子女之间的关系、与父母之间的关系）及子女教育的影响情况。从调查结果来看，家人外出务工后，家人之间的关系并未发生明显的变化。在对夫妻感情、与子女的关系和与父母的关系三项调查中，数据出现了较高的相似性，绝大部分受访者都认为家人外出务工经商对于与家人的关系基本没有变化。具体来看，分别有89%、82.8%和86.9%的受访家庭回答夫妻感情、与子女之间的关系、与父母之间的关系基本没有变化；分别有7.2%、7.9%、6.9%认为夫妻感情、与子女之间的关系、与父母之间的关系有所改善。

从数据层面的分析来看，这与前文对家庭和睦情况的分析结果相一致。然而，在走访调查中，与留守家人的交流中，与村委干部的沟通中，甚至受访者的眼神，都让我们看出，有些受访者在回答家庭和睦、在告知家人关系没有因为家人外出而变差的同时，内心也隐藏着些许辛酸。我们在山东省某村调查时，一个刚刚务工归来恰巧在家的大哥说：“我一年回家两三次，孩子一点儿也不跟我亲，就像见到外人似的，唉……”当面对固化的问卷问题时，村民传统的向往“家和万事兴”的思想，使他们更多地向外人呈现一种好的愿景。

除此之外，很大一部分人对家人感情并没有太在意，甚至有些人错误地理解为“多赚钱就是对家庭贡献大”。这是当代中国忽略的一个关键的问题。当然，不能忽略的一点，当前通信技术的发展使得家人之间的联系也较以往有很大的改善，加强了家人之间的感情沟通。

一、流动对家庭经济的影响

家庭和睦始终是我国居民尤其是农村地区居民的传统追求，我们的调查也验证了这一观点，超过 3/4 的被访农户认为自己的家庭很和睦。仅有 2% 左右的被访农户表示家庭内部冲突不断或者常有矛盾。相比而言，流动人口家庭产生偶尔有摩擦、家庭常有矛盾或冲突不断的比重略高于非流动家庭，但是统计上并不显著。然而，我们仍旧不能忽略，人口流动带来家人之间观念的差异，同时沟通不便等对家庭和睦情况带来一定的影响。

表 4－8　流动人口家庭产生争执的频率

	流动人口		非流动人口		合计	
	频率	百分比	频率	百分比	频率	百分比
冲突不断	18	0. 35%	15	0. 32%	33	0. 34%
常有矛盾	89	1. 73%	55	1. 17%	144	1. 46%
偶尔有一些摩擦	1130	22. 00%	957	20. 36%	2087	21. 21%
很和睦	3900	75. 92%	3674	78. 15%	7574	76. 99%
合计	5137	100. 00%	4701	100. 00%	9838	100. 00%

资料来源：2015 年中国人民大学“千人百村”社会实践调查数据。

经济问题仍然是农村家庭关心程度较高的问题，这也是他们外出务工经商的主要原因。外出务工经商的确是对农村家庭的经济有着较大的正面改善作用，从调查中了解到，超过 60% 的受访者表示家人外出务工经商对于家庭经济有所改善，其中11.76%的受访者认为有极大改善。农民工外出务工经商带来家庭经济收入增加的同时，也带来流动人口与留守家人在消费观念等方面的差异。偶尔的家庭矛盾中，经济问题是主要的争执点。调查发现，产生矛盾的家庭中，在过去一年因为消费问题发生争执的有24.1%。

二、流动对夫妻关系的影响

调查数据可得，目前中国农村家庭依然是以男性主导家庭地位为主，过半数的家庭是丈夫掌握更多实权。而对于流动对农村家庭实权的影响，由上表可见，流动家庭中妻子在家庭更有实权的占总数的10.07%，丈夫更有实权的为49.69%，而非流动家庭当中妻子更有实权的频率为8.3%，丈夫为53.46%。流动家庭女性掌握更多实权的比例高于非流动家庭，出现这样的差异可能是由于男性的外出务工经商流动者较多，外出务工后常常由女性在家中留守，管理家中事务，相比起非流动家庭，流动家庭当中女性当家的情况使得妻子掌握了更多的家中实权。经卡方检验，P值为0，也就是说流动与否与家庭中夫妻掌握实权的情况有显著的相关关系。

表4-9 家庭中夫妻实权掌握情况

		妻子	差不多	丈夫	合计
未流动	规模（人）	389	1792	2505	4686
	比重（%）	8.30	38.24	53.46	100
流动	规模（人）	424	1695	2093	4212
	比重（%）	10.07	40.24	49.69	100
合计	规模（人）	813	3487	4598	8898
	比重（%）	9.14	39.19	51.67	100

资料来源：2015年中国人民大学“千人百村”社会实践调查数据。

一般农村家庭依然是女性承担家务劳动为主，该比例达到了50%以上，但由于流动者以男性居多，女性大多留守农村家庭，所以相比起57.07%的未流动家庭主要由女性承担家务，有67.66%的流动家庭女性更多地承担了家务劳动。经卡方检验，P值为0，也就是说流动与否与家庭中夫妻双方谁是家务劳动主要承担者有显著的相关关系。

表4-10 家庭中夫妻家务劳动主要承担者情况

		妻子	差不多	丈夫	合计
未流动	规模（人）	2657	1198	801	4656
	比重（%）	57.07	25.73	17.20	100
流动	规模（人）	2839	889	468	4196
	比重（%）	67.66	21.19	11.15	100
合计	规模（人）	5496	2087	1269	8852
	比重（%）	62.09	23.58	14.34	100

资料来源：2015年中国人民大学“千人百村”社会实践调查数据。

表4-11 家庭中夫妻家庭经济的主要贡献者情况

		妻子	差不多	丈夫	合计
未流动	规模（人）	253	1715	2594	4562
	比重（%）	5.55	37.59	56.86	100
流动	规模（人）	201	1372	2595	4168
	比重（%）	4.82	32.92	62.26	100
合计	规模（人）	454	3087	5189	8730
	比重（%）	5.20	35.36	59.44	100

资料来源：2015年中国人民大学“千人百村”社会实践调查数据。

结合对于承担家务的数据来看，中国传统的“男主外，女主内”的家庭形态在农村依然根深蒂固。家庭当中女性主要承担家务等“内务”工作，男性主要作为经济支柱。而这一模式由于流动的影响更加显著了。在对于经济贡献的调查中，56.86%的非流动家庭中丈夫对于家庭的经济贡献更大，而对于流动家庭，这一数据提高到了62.26%。一定程度上外出务工经商的流动增强了农村家庭内部分工，促使家庭分工更加明确。经卡方检验，P值为0，也就是说流动与否与家庭中夫妻双方谁是家庭经济主要贡献者有显著的相关关系。

三、流动对父辈养老的影响

农民工进城在给城市带来巨大生机的同时，也使得农村出现危机。子女外出创业老人留守农村，是我国在工业化进程中无法回避的现实国情，特别是我国的中西部欠发达地区，外出务工是农村家庭收入的第一来源。青壮年人口出外谋生后，农村留守老人的窘迫状况迫切需要关注和解决。关注农村留守老人，让他们得以安度晚年，是让1亿多进城农民工消除后顾之忧、安心城市工作的重要前提。老年人不论在物质上还是精神上受到的照顾均较少，生活幸福指数较低。农村青壮年劳动力丧失的问题，越来越受到社会的重视，有一位老人受访时说，“让那些年轻人尽量不要到太远的地方去打工”，似乎让我们听到这个村庄发出了一声沉重的叹息。因为虽然最近几年村里已经修了水泥公路，但是仍然有不少居民离公路较远，而且村民除去到25公里外的县城会坐车，其他出行多靠行走，因为没有廉价便利的公共交通。甚至有时家里如果只有一个老人独居，如果突然发病或遭意外也不能找人帮助，就只能在无人知道的情况下等死。而在外地的子女很多因工作、个人家庭和距离等原因，一年到头也难得回一次家，父母有困难也只能通过寄钱等经济手段来勉强缓解。许多老人告诉我们，现在基本上靠自己以前种地时积攒的一点钱和子女过年时给的一点钱以及政府近几年发放的为数不多的粮食补贴救济生活，处于“只出不进”的状态。事实上，即使经济上有了依靠，加上新农合的逐步实施，留守老人就医条件有所改善，但没有亲人对他们贴身的照料和安慰，老人的健康仍然没有保障。因此，有的老人对我们感慨“不求长寿，但求健康”。

留守老人家庭经济来源主体上还是依靠外出务工子女的支持，但自己的劳动收入和亲戚援助也是不可或缺的补充。调查中发现，八成左右的留守老人都在不同程度地从事着农副业生产进行自养，仅仅依靠子女外出打工的回馈根本无法满足其基本生活需求，甚至不足以保障留守儿童的生活费用。不少耄耋老人还在炎炎烈日下耕种自己与儿女的土地，才能保证家庭经济开支。农村低保政策规定儿女齐全或有两个以上儿子的老人不在保障范围，对留守老人的覆盖面很小，即使有照顾，保障水平也十分微弱。仅有少数留守老人能获得国家提供的低保救助，绝大多数留守老人的收入少之又少，普遍限于维持温饱、确保孙儿正常读书的基本生存消费层面。

农村老人的生活照料资源供给主要来自家庭内部。老人自己及其配偶是主体型照料供给者，未外出子女、其他亲属等亲缘关系网群体提供辅助型照料。邻居、同宗同族群体是边缘型照料供给群体。村组集体和政府在留守老人的生活照料方面出现不同程度的缺位，极少提供照料资源。在疾病照料方面，绝大多数老人在生病时，只能依靠自我或配偶进行照料，不能及时就医，生病期间无子女看护的现象比较普遍。家庭事务打理、人情礼仪负担基本都是靠老人。子女外出务工，孩子留给父母代为监护抚养，在农村历来都是天经地义的事情。这样做虽然有其加强隔代亲情联络、减少老人们孤独感的积极一面，但因为老人们大都身体衰弱、经济收入匮乏，另一方面又加重了老人们的生活压力和精神负担。

家庭氛围缺失，缺乏精神慰藉。在我国家庭养老是农村传统的养老方式。但是老人不仅仅需要经济和生活上的扶助和照料，更需要的是来自儿女们情感上的依赖和慰藉，是对天伦之乐的期盼和渴望。留守老人与子女两地分离，常年面对孤独，精神生活十分匮乏。大多数外出打工人员一年只回一次家，一般是腊月底回来，正月初出去，只能在家待十天半月，一年四季都是老人和孩子们在家生活。调查发现，留守老人平时最大的愿望之一就是与远在异地的子女通电话，得到来自儿女方面的精神慰藉，是保证老人身心健康不可或缺的主要来源。大多数老人半个月以上才和子女通一次电话，通话时间不超过5分钟，甚至一些老人平时与子女基本不通电话。

留守老人生活空虚无聊。农村留守老人尤其是“空巢老人”，大多数都过着“出门一把锁，进门一盏灯”的非常苦闷而寂寞的生活，精神文化生活非常单调，即使物质生活再富足充裕，也很难让他们高兴起来。有一位70多岁的奶奶悲伤地对笔者说“哪怕孩子们少寄些钱，只要他们能常回家看看我们，陪我们说说话，我们也就没什么牵挂了”。就像一首歌里唱的“老人不图儿女为家做多大贡献，一辈子不容易就图个团团圆圆”。许多老人告诉我们：他们的休闲娱乐活动不过就是串门聊天、在家看电视，也有些精力和体力都不错的老人偶尔会打打牌或者麻将。至于城市居民享受的社区文体活动、外出旅游观光、逛街看电影等活动几乎为零。

担负起抚养孙辈的重任，心理负担重。在调查中发现，有大部分外出务工人员都将子女留在农村父母身边，由父母看护小孩，带子女上学。在访谈中笔者得知有个别外出务工的村民直接就把孩子抛给了父母，每年只给很少的抚养费，根本不够上学的孩子以及老人的吃穿住行等日常开支。虽然说现在实行九年义务教育，已经不交学费了，但是相比较基本没有花费的老年人来说，高额的教育费用还是让不少人觉得“对家庭有压力”或“对家庭压力很大”。

一位在重庆市某村调查的调查员采访了一位70岁残疾老人黄庆民，并写下“孤独的夕阳”为题的手记：

> 在调研活动的行走过程中，常常能遇到这样一些特殊的老人——他们一直行走于大山间，由于子女们外出务工，他们在最孤独的晚年只有大山的宁静相伴。他们就是“空巢老人”。与他们的交谈让我们发现了学堂村的一大问题，也是目前中国农村普遍存在的问题——空

巢老人的养老保障问题。

我们采访了一位70高龄的残疾老人——黄庆民。记得刚到他家时他正在干农活儿，拖着沉重的右腿在院坝里挪动。见到我们时，他马上停下了手中的活儿，找来一条长凳请我们坐下。采访过程中，他一直站着，不愿同我们一起坐下，每一个问题他都回答得特别耐心。当提及右腿时，他轻轻地说了一句："以前被车给轧断了。"本应得到他人的照顾，却仍要照顾他那68岁身患重病的老伴儿，儿子在外打工，只有两个老人相互扶持。即便身体残疾，却依然上山干农活儿，忙里忙外，减轻家庭负担。尽管如此，在交流中我们了解到，村委会及政府并没有给予充分的关怀慰问，老人也没有受到政府转移性支付的补助。印象最深的是采访结束时他说的一句话："孩子，你们的采访能让村委会帮到我们吗?"当时，老人充满期待与希望的眼神让我内心满是无奈。"我能为他的生活带去什么帮助和改变?"我不禁这样问自己。

除此之外，我们还遇到了退伍老兵。曾经为祖国抛头颅洒热血的战士，退伍后却没能享受到相应的尊重和照料，他们和其他老人一样孤独地生活在大山里，无人提及他们的功勋。他们如今的生活也不过是空巢老人最平常的生活。

上述几位只是学堂村许许多多空巢老人中普通的几位。众所周知，随着年龄的增长，身体不可避免地会出现机能退化，日常生活中需要他人照料帮助的可能性和依赖性逐渐增强。慢性疾病增多是伴着年老而来的自然规律，这些疾病都为农村空巢老人带去了更大的生活压力和困扰。但年轻的子女们为了改善家庭状况外出务工，很多时候他们打工赚来的钱都只能解决自己在城里的生活，很难有余力赡养老人。老人为了减轻子女的负担，即使上了年纪，身体并不硬朗，仍然要爬坡上坎去干农活儿。空巢老人不仅在生理方面会出现不容乐观的状况，在心理方面也会出现不同程度的障碍。农村缺乏丰富的休闲、娱乐方式，没有子孙的陪伴，一旦退出生产领域就会觉得空虚难熬。或许，这也是为什么农村的空巢老人年近70依然坚持干农活的一个原因吧！学堂村居住点分散，这更加深了老人们的孤独感。心理上的不愉悦传递到身体的各个部分，本来患有疾病的老人病情就很难得到大幅度的好转。

总的来看，农村空巢老人在经济供养、生活照料和精神陪伴三个方面存在高需求，而这些与养老保障息息相关。农村养老保障是指国家、社会或家庭对农村老年人晚年提供包括经济供养、生活照料和精神慰藉三方面内容的基本保障。然而我们发现，调研地学堂村在新型农村合作医疗制度上推行状况良好，在农村养老保障方面并没有发挥较大的作用。养老保障是一个系统性的问题，它关系到家庭、政府、社会三大分支。如何提高学堂村的养老保障水平，让那些生活水平低、自理能力弱的空巢老人在晚年也能得到很好的关怀？

四、流动对子女教育的影响

子女教育问题是家庭中非常重要的问题，随着人口流动的加剧，流动儿童、留守儿童的教育都成为社会关注的热点问题。在农村调查时，我们发现在学校附近到处都能找到网吧、游戏厅等玩乐场所；在与村民的交流中，一些村民表示，如果孩子在外的时间长了，就会担心一些意想不到的事情发生，更担心孩子长期没人管教而变坏，走上歧途；有一些隔代家庭中的老人坦言担心孩子在外玩耍出危险或者自己带着孩子时他们的健康状况出问题等。

而对问卷调查数据的分析结果却与我们的假设不一致。问卷调查结果发现，受访者中有68.42%的人认为家人外出务工经商对于子女的教育基本没有影响，但21.9%的人认为流动外出务工等对于子女的教育是有所改善的。目前我国城乡教育资源分配依然存在较大的差异，有一部分学龄儿童跟随父母到流入城市，享受城市更加良好的教学条件，这在一定程度上改善了子女教育状况。同时，受各方面因素限制，仍旧有相当规模的农民工子女无法跟随父母进入工作的城市，成为留守儿童，而大多数外出打工者平时对子女的伦理道德教育、法制教育关注较少，导致许多留守儿童不能形成健全的人格。而且，大多数留守儿童由祖父母或者外祖父母抚养，他们大多数年老体衰，加之农活儿比较多，文化程度低，只知道溺爱孩子，很少督促和辅导孩子学习。

表 4－12　流动人口对家庭造成的影响

	经济水平		夫妻感情		子女教育状况		与子女的关系		与父母的关系	
	频率（户）	比重（%）	频率（户）	比重（%）	频率（户）	比重（%）	频率（户）	比重（%）	频率（户）	比重（%）
变差很多	24	0.40	16	0.30	21	0.40	27	0.50	20	0.30
有所变差	128	2.20	150	2.70	298	5.40	431	7.70	267	4.70
基本没变	2096	35.90	4957	89	3781	68.40	4637	82.80	4972	86.90
有所改善	2898	49.70	401	7.20	1210	21.90	443	7.90	394	6.90
很大改善	686	11.80	48	0.90	216	3.90	65	1.20	66	1.20
合计	5832	100	5572	100	5526	100	5603	100	5719	100

资料来源：2015 年中国人民大学“千人百村”社会实践调查数据。

一位在山西省某村调查的调查员写下“走与留，贫穷与关爱的较量”的手记：

原来，现在他的家中只有他和他的孙女，他的儿子与儿媳妇都已经出去打工了，只留下他们的女儿在镇上上学。儿子平时几乎都不回来，只有在过年的时候才会回家来看望自己和孙女。儿女们挣得也不多，只勉强够他们自己在外面的花销，然后寄回家里很少的钱。寄回家的钱还要用于孙女的上学费用以及其他开销。他的生活非常艰难。

我们详细询问了一下他的儿子与儿媳妇的工作。原来他们都是离开家乡去外地打工。村里举办过一次就业培训大会，不过没有人参加，他们出去打工都完全不需要培训的，一般就是大家一起去外省或直接去县城打工，做的都是苦力活儿，但好歹还是比在家里干农活儿要强很多。至于年幼的孙女，也没有见过父母太多面，甚至见了父母还有点胆怯，就这一点他很担心。他又提到，自己没有读过太多书，也就只是一个小学文化水平，完全没有能力好好教育孙女，每天看着孙女放学以后也就随着她的性子让她随便玩，不知道该怎么管教她，而儿子虽然文化程度不高但也是高中学历，假如有他在家的话说不定孙女会受到更好的教育。

我们走进了第二家、第三家……结果他们的情况都是大同小异。皆是儿女在外打工，留下了年龄很小的孙子孙女让他们来抚养。而这些打工的人中几乎没有人可以找到一份好一点的工作。当然还有的人自主创业，但也收入微薄。在路上我们碰到几个小孩，他们有的穿着不甚干净的衣服，在不停地奔跑着、打闹着，而有的小孩子也只是默默地在旁边看着这些人，眼里充满了落寞。他们眼中流露出来的这种悲伤的感觉深深地震撼了我们。城市里这个年龄的小孩，大概也只是懂得每天缠着爸爸妈妈撒娇然后全家一起出去玩吧，而这些留守儿童却过早地懂得了生活的艰难，有了本不属于他们这个年龄的沧桑，他们才是最值得关注的人。农民的就业情况不甚良好，伴随着留守儿童的出现，这样的问题亟待国家政府社会解决。

第四节　市民化是未来的必然趋势

农村地区劳动年龄人口外出带来农村地区人口结构老化，为城镇地区提供了人口红利。人口流动中“乡—城人口流动”加重农村地区人口抚养比，缓解城镇老龄化程度。当前流动人口呈现“流动人口不流动”的新态势，流动时间长期化特征明显，而且人口流动家庭化趋势明显，市民化是未来的必然趋势。

对于农户而言，对家庭经济状况带来明显的改善，也拉大了家人之间的地理距离，时间、距离与金钱使得外出者回家次数少之又少，除去春节的返乡潮，有一部分距离相对近的人在农忙或者老人过寿等重要事件时选择回家。手机等通信技术的发展为流动人口与家人的联系提供了便利，但并不是想象中的那么频繁，家人之间观念的差异等带来家人之间的矛盾，经济问题是家庭矛盾的主要争执点。而从家人关系来看，绝大部分受访者都认为家人外出务工经商对于与家人的关系（夫妻感情、与子女的关系和与父母的关系）基本没有变化。

家庭和睦始终是我国居民尤其是农村地区居民的传统追求，但在访谈中发现，有些家庭问题还是存在的，一方面是受访者“碍于面子”在问卷调查中并未回答实情，另一方面农村居民外出务工仍旧是经济驱动，他们关于人口流动对家庭关系影响的意识不足。

根据马斯洛需求理论，人类的需要从低到高依次为生理需求、安全需求、社交需求、尊重需求、自我实现需求。当前农村居民外出主要是低一级的需求，有一大部分人是生理需求和安全需求。多数人的需要层次结构，是同所在国家或地区经济发展水平、科技发展水平、文化和人民受教育的程度直接相关，农村地区居民生理需要和安全需要占主导的人数比例较大，而高级需要占主导的人数比例较小。

第五章

市民化现状与问题分析

市民化任务紧迫

市民化困境重重

在国家的城镇化战略中，人口由农村转移至城镇自是其表征之一。对于外出务工者来说，能够留在城镇里生活固然很好，但是在当前情况下，多数人都不能实现这一目标，如果不能实现市民化，城市打工者的未来依然飘浮不定。

我国新型城镇化发展进程中，市民化任务紧迫，户籍人口城镇化率严重滞后，新一代外来人口社会融入诉求高且市民化潜在群体规模大，教育培训滞后带来人口素质增长缓慢，外来人口的流动状态造成一些社会问题。当前市民化仍旧面临一些困境：市民化成本大，地方提供公共服务的事权高于相应的财权；市民化层级分布不均，大城市人口规模庞大，流动人口市民化意愿强；市民化区域分布差异大，东部地区与大城市市民化任务重。

第一节　市民化任务紧迫

在国家的城镇化战略中，人口由农村转移至城镇自是其表征之一。对于外出务工者来说，能够留在城镇里生活固然很好，但是在当前情况下，多数人都不能实现这一目标。我们当然可以将问题归结到城市对于他们接纳不够、制度的不合理种种，却不能奢望这些因素短期内都能消解，我们所能见到的是农民的务工收入低薄，很难支撑其在城市定居。即便他们省吃俭用攒下了买房的资本，定居城市，但当他们年迈时还会因为失去工作而沦为城市贫民。如果不改变当前情况，如果不能实现市民化，城市打工者的未来依然飘浮不定。

返乡，已成为老一辈的轮回。在调查中我们发现，农村地区大部分农户劳动力在外务工，他们从事着劳动密集型产业工作或者服务行业。通过打工将他们的孩子顺利养育成人，送进高等学府抑或娶妻生子，完成了他们为人父母的任务。然而，务工不是终身的。一个明显的事实是，大多数务工者并没有掌握专门的技艺使其能够扎根于城市安身立命。绝大多数务工者会在年迈时回到农村继续种地生活。这就会出现所谓的农业劳动力转移的“逆流”。

打工，已成为代际间的传递。调查中我们发现，在很多家庭中出外打工的不止一代人，父亲在外打了20年的工，儿子初中毕业，也就跟着出去。有很多与我们调查员年龄相仿的男孩女孩[1]，已经是有了两三年工龄的工人了。第二代外出打工的年轻人和他们的父母相比，对新鲜事物的接受能力更强，他们通常会使用智能手机、会刷微博、会网购，和我们的调查员一样，他们也有很多梦想，也有对美好未来的期盼。但是，与还在象牙塔中的大学生相比，他们面对的生活要真实得多，也残酷得多。然而，这些人在城市有一个让人不太舒服的名字：农民工。他们在陌生的城市里，是忙忙碌碌被人忽视的一群人。他们像候鸟一般，在城市和乡村之间迁徙。他们的翅膀托举起的不只是家庭的希望，也是中国完成转型实现城镇化的希望。

一、户籍人口城镇化率严重滞后，市民化任务重

当前我国新型城镇化任务重，其中户籍人口城镇化任务则是重中之重。李克强总理在2016年政府工作报告中提到："要深入推进以人为核心的新型城镇化……到2020年，常住人口城镇化率达到60%、户籍人口城镇化率达到45%……"

从通常意义的城镇化率来看（即居住在城镇的人口占总人口的比重），2010年第六次全国人口普查的结果显示城镇化率增长到了49.7%，2011年城镇化率则提高到51.27%，首次突破50%，而2014年城镇化率也提高到了54.77%，并保持着继续增长的势头。然而，当我们考虑到二元城乡户籍制度的影响，计算出我国当前户籍人口的城镇化率，则其仅为35%左右，这不仅明显低于发达国家近80%的城镇化水平，也低于许多同等主流发展中国家的城镇化水平。

全国城镇化率与户籍非农化率差距扩大。从2000年至2012年，我国城镇化率稳步上升，由36.1%增至52.6%，在2010年达到城镇化，而非

① 调查员多为在校本科生，年龄为16～25岁。

农化率也仅从 26.1% 增至 35.3%，全国城镇化率与户籍非农化率差距扩大，可见城镇化由流动人口带动，是不稳定的城镇化。

表 5－1　中国人口城镇化变动情况

	2000 年	2010 年	增长
总人口（万人）	124261	133277	9016
城镇人口（万人）	45877	66572	20695
非农户籍人口（万人）	30735	38797	8062
城镇化率（%）	36.9	50.0	13.0
户籍城镇化率（%）	24.7	29.1	4.4
两率差（%）	12.2	20.8	

资料来源：2000 年第五次全国人口普查数据、2010 年第六次全国人口普查数据。

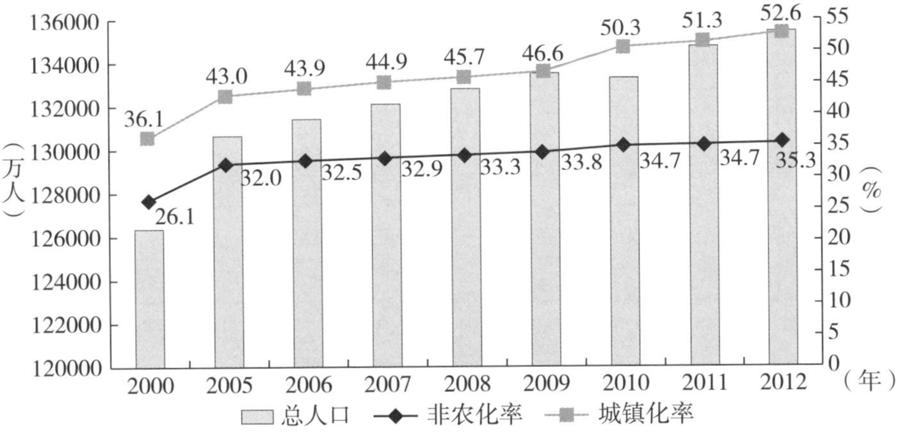

图 5－1　2000—2012 年城镇化率与非农化率变动趋势

资料来源：历年中国统计年鉴数据。

二、市民化及教育培训严重滞后，产业升级困难

我国平均受教育年限上升缓慢，不利于产业升级。从世界范围看，20 世纪 50 年代，美国、法国、德国、荷兰、英国、日本、比利时等西方发达国家受教育年限已经达到 10 年上下，1992 年美国平均水平已

经达到18.04年，而2010年中国全国平均受教育年限仅有9.03年，相当于发达国家20世纪50年代水平，可见我国教育水平相当落后，人口素质增长缓慢。

表5-2　1820—1992年发达国家或地区平均受教育年限（年）

	1820年	1870年	1913年	1950年	1973年	1992年
美国	1.75	3.92	7.86	11.27	14.58	18.04
法国			6.99	9.58	11.69	15.96
德国			8.37	10.40	11.55	12.17
荷兰			6.42	8.12	10.27	13.34
英国	2.00	4.44	8.82	10.60	11.66	14.09
日本	1.50	1.50	5.36	9.11	12.09	14.87
意大利				5.49	7.62	11.20
比利时				9.83	11.99	15.24
阿根廷				4.80	7.04	10.70
巴西				2.05	3.77	6.41
墨西哥				2.60	5.22	8.22
印度				1.35	2.60	5.55
朝鲜				3.36	6.82	13.55
台湾省				3.62	7.35	13.83

资料来源：1990年第四次全国人口普查数据、2000年第五次全国人口普查数据、2010年第六次全国人口普查数据。

表5-3　1990—2010年我国不同地区平均受教育年限（年）

	1990年	2000年	2010年
全国	6.41	7.61	9.03
东部地区	6.56	7.90	9.38
中部地区	6.31	7.62	8.96
西部地区	5.93	7.03	8.47
东北地区	7.36	8.31	9.52

资料来源：1990年第四次全国人口普查数据、2000年第五次全国人口普查数据、2010年第六次全国人口普查数据。

市民化及职业教育和培训严重滞后，造成大规模结构性失业。市民化长期滞后导致农民工缺乏预期。缺乏培训使之固化在低端劳动力，缺乏上升的通道。2013 年，中国有 26894 农民工，他们是城市新增就业的主体。接受培训的有 8794 万人，没有接受任何培训的达到 18099 万人。我国当前员工素质和技能的提升严重滞后于产业结构升级的需要。

表 5－4　2012—2013 年接受过技能培训的农民工比重（%）

	接受农业技能培训		接受非农职业技能培训		接受技能培训	
	2012 年	2013 年	2012 年	2013 年	2012 年	2013 年
合计	10.7	9.3	25.6	29.9	30.8	32.7
20 岁及以下	4.0	5.0	22.3	29.9	24.0	31.0
21～30 岁	6.2	5.5	31.6	34.6	34.0	35.9
31～40 岁	11.0	9.1	26.7	31.8	32.0	34.1
41～50 岁	14.9	12.7	23.1	27.8	30.5	32.1
50 岁及以上	14.5	12.4	16.9	21.2	25.5	25.9

资料来源：国家卫计委流动人口监测数据。

三、融入诉求高同时社会保障低，社会问题突出

新一代外来人口社会融入诉求高，市民化潜在人群规模大。新一代农民工（1980 年后出生）已超过农民工总量的一半，这一代农民工与其父辈在职业、收入、价值观、生活方式上存在明显差距。对市民化与社会融入的要求越来越强烈。很大一部分新生代流动人口对所在城市的关注程度高，而且相对喜欢流入地，卫计委流动人口调查中反映出，新生代流动人口中很大一部分希望长期居住在流入地，社会融入的诉求很高。

户籍挂钩的社会福利等状态下，流动人口与市民的差异引发社会矛盾。户籍人口的稳定性与外来人口的漂泊感带来的居住状态差异，

户籍人口的政策倾斜与流动人口的市场选择的劳动就业差异，户籍人口的全覆盖与流动人口的部分享有社会保障的差异，以及户籍人口的全程保障与流动人口阶段解决的子女教育差异等都是引发社会矛盾的潜在因素。

社会融入难、收入少等引发农民工犯罪率提升。根据中国人民大学社会学理论与方法研究中心在G省进行的一项调查发现，城市歧视性就业政策对农民工的长期影响，从而导致部分文化水平较低的农村富余劳动力在城市长期处于失业或无业状态，从而带来侵财型犯罪的增加，影响社会稳定。

四、落户政策与实际情况差异大，落户门槛较高

2014年7月30日，国务院印发了《关于进一步推进户籍制度改革的意见》指出“针对城区人口500万以上的城市现行落户政策，建立完善积分落户制度”。广州市的积分入户是一个创举，理念先进且为流动人口的落户提供通道。

从积分入户制度来看，评分机制中更加注重已有学历或技能。广州市2014年积分入户指标中，本科以上学历既得60分、大专或高职为40分、中技/中职或高中为20分，初中及以下没有分值。在城市发展过程中，不仅需要人才，高素质人力资本的培养更为关键，每个城市有责任、有义务将现有流动人口培养为未来的人才，从而以反哺的方式促进城市的发展。同时，将相关评分值表进行调整与完善，降低学历等门槛，重视未来的培育，为更多的流动人口打开市民化的通道。

积分入户与居住证结合，提供不同层次公共服务。积分入户在短时间内不能覆盖所有流动人口，但是相应的公共服务却应该覆盖所有人口。在推行积分入户的同时，结合居住证制度，为流动人口提供不同层次的公共服务。

第二节 市民化困境重重

一、成本：地方提供公共服务的事权高于相应的财权

全面覆盖常住人口的公共服务是政策及社会发展所需。2013 年 11 月，十八届三中全会进一步提出：“稳步推进城镇基本公共服务常住人口全覆盖。”

地方提供公共服务的力量小于其应有的义务、权力和责任，财权与事权的分割阻碍公共服务全面覆盖工作的推进。以义务教育为例，国家在大力增加流入地正规教育投入和管理责任的同时，中央政府却没有赋予其相应的教育财权或给予其相应的政策性补偿，即财权与事权的不对称性，这就严重挫伤了流入地政府执行流动人口子女接受义务教育“以流入地区政府管理为主”“以公办中小学为主”两个为主政策的积极性。同样，其他公共服务在覆盖常住人口的过程中也存在相应的问题。

以教育为例，按照《义务教育法》规定，我国义务教育实行“在国务院领导下，地方负责，分级管理，以县为主”的经费投入与管理体制，具有明显的“以户籍为准”的属地问责性质。

2001 年 5 月国务院发布《关于基础教育改革与发展的决定》，明确提出了“要重视解决流动人口子女接受义务教育问题，以流入地区政府管理为主，以公办中小学为主，采取多种形式，依法保障流动人口子女接受义务教育的权利”，即“两个为主”政策。2003 年 9 月，国务院召开“全国农村教育工作会议”，并发布《国务院关于进一步加强农村教育工作的决定》，规定：“城市各级政府要坚持以流

入地政府管理为主，以公办中小学为主，保障进城务工就业农民子女接受义务教育。”随后，国务院办公厅转发的教育部等六部委《关于进一步做好进城务工就业农民子女义务教育工作的意见》第二条规定“流入地政府负责进城务工就业农民子女接受义务教育工作，以全日制公办中小学为主”，这进一步强化了流入地政府的经费投入责任。

鉴于我国是“分级办学—分级管理”体制和“实施义务教育所需事业费用和基本建设投资，由国务院和地方人民政府负责筹措”的实际，为彻底保障非户籍常住人口子女接受义务教育所需的经费，我们建议设立专项的教育经费预算，国家考虑列出专项经费，划拨给非户籍常住人口密集的省区，以帮助解决费用缺口问题。

二、分层：大城市流动人口规模大且市民化意愿强

城市规模越大，市辖区的城镇化率越高，大的城镇户籍城镇人口占城镇人口比重越低，农业转移人口占城镇人口比重越高，1000 万人以上的特大城市户籍城镇人口占城镇人口比重仅为 58.90%，比 10 万 ~20 万人口规模的城镇低 31.5%，而农业转移人口占城镇人口比重则高达 41.10%，特大城市提高户籍人口城镇化率面临最严峻挑战。

规模庞大的流动人口作为市民化的潜在对象，给城市市民化工作带来很大的压力。人口流入为城市带来人口红利，增加其劳动年龄人口比重，促进其经济发展，但是也带来了较大的市民化压力。从第五次全国人口普查和第六次全国人口普查数据的对比中可以看出，上海、北京、深圳三个城市跨省流动人口规模最大而且增长最快，2010 年超过全国跨省流动人口的 1/4 集聚在这三个城市。

表 5-5 不同规模城市市辖区城镇化率与非农化率

市辖区城镇人口规模	个数	市辖区常住人口（万人）	市辖区城镇化率	平均每城市城镇农业人口	户籍城镇人口占城镇人口比重	农业转移人口占城镇人口比重
1000 万以上	5	6，719	86.0%	528	58.9%	41.1%
500 万～1000 万	8	8，095	85.3%	275	61.8%	38.2%
300 万～500 万	11	4，968	85.6%	121	71.3%	28.7%
100 万～300 万	50	11，023	80.3%	61	75.6%	24.4%
50 万～100 万	98	10，664	68.1%	21	94.1%	5.9%
20 万～50 万	104	5，544	60.7%	12	98.8%	1.2%
10 万～20 万	17	546	48.2%	5	90.4%	9.6%

资料来源：2010 年第六次全国人口普查资料。

表 5-6 500 万以上城市跨省流入人口规模比重变动分析

	跨省流入人口规模			跨省流入人口比重		
	2000 年	2010 年	变动	2000 年	2010 年	变动
北京市	246.32	704.45	458.13	18.15	35.92	17.77
天津市	73.50	299.15	225.65	7.46	23.12	15.66
上海市	313.49	897.70	584.21	19.11	39.00	19.89
重庆市	40.32	94.52	54.20	1.32	3.28	1.96
武汉市	25.01	52.60	27.60	3.01	5.38	2.37
广州市	215.00	300.25	85.25	21.63	23.64	2.01
深圳市	405.56	579.61	174.05	57.86	55.96	-1.91
东莞市	413.65	533.25	119.60	64.17	64.87	0.70
全国	4241.86	8587.63	4345.78	3.41	6.44	3.03

资料来源：根据《中国 2000 年人口普查资料》和《中国 2010 年人口普查资料》计算。

注：需要指出的是，受普查汇总数据统计口径的影响，我们无法区分是否省内跨市流动，因而本书只能分析跨省流动人口的变动。特大城市是使用 2014 年《国务院关于调整城市规模划分标准的通知》中对特大城市（包括超大城市）的标准：城区常住人口 500 万以上 1000 万以下的城市为特大城市；城区常住人口 1000 万以上的城市为超大城市。

三、分区：东部地区与大城市的市民化任务更重

城镇化率与非农化率差距四大区域普遍存在，以中部地区最为显著。东、中、西、东北四大区域的非农化率和城镇化率都普遍存在差异，且逐年扩大，以东部、中部发达地区最为明显，2012 年东部地区和中部地区的非农化率和城镇化率差异分别达到了 16.1% 和 21.4%。

表 5－7　2000—2012 年不同区域城镇化率与非农化率

	2000 年		2006 年		2012 年	
	非农化率	城镇化率	非农化率	城镇化率	非农化率	城镇化率
东部地区	29.6%	45.3%	41.2%	54.1%	45.8%	61.9%
中部地区	21.7%	29.7%	26.0%	38.0%	25.8%	47.2%
西部地区	20.6%	28.7%	24.5%	35.7%	28.7%	44.7%
东北地区	45.3%	52.1%	47.7%	55.5%	49.4%	59.6%

资料来源：历年中国统计年鉴。

第六章

市民化预测

返乡人口预测

返乡层级分布

李克强总理在2016年政府工作报告中提到："要深入推进以人为核心的新型城镇化，实现1亿左右农业转移人口和其他常住人口在城镇落户，完成约1亿人居住的棚户区和城中村改造，引导约1亿人在中西部地区就近城镇化。"

流动人口的分布集中在东部沿海地区，而且未来会有一部分返乡。通过对流动人口返乡层级分布和返乡空间分布的预测等，本文认为可以从以下两个角度进行市民化推广：

第一，依托东部城市做好远程迁移人口的市民化问题，落实远距离迁移"1亿"市民化的目标，预测分析东部地区需要市民化人口为8700万（8586万存量远程流动人口－3485万中西部及东北返乡远程流动人口＋3736万省内流动人口）。

第二，依托中西部地区对本省流动人口的市民化实现"引导1亿人口在中西部地区就地城镇化"任务，实现"1亿"就近城市化的目标，预测分析中西部及东北部地区需要市民化人口为8800万人（省内流动人口5210万＋返乡3600万左右）。

第一节　返乡人口预测

一、分年龄返乡意愿预测

农民工返乡的两种机制：一些相对年轻的农民工人力资本、经济资本和社会资本相对较弱，个人发展期望高但抵御外部风险能力较低，流动性强，返乡成为其调整、适应、求变的缓冲机制；另一些农民工由于年龄偏大，主要是出于身体状况、家庭状况等原因返乡。

在此基础上，我们对未来跨省流动人口返乡进行预测。年龄是人口流动的关键决定因素之一。不同年代人口在外出务工的原因有所不同，同时由于流动经历的差异等，未来的去留意愿不同。对此，在流动人口的预测中，首先对分年龄人口的返乡意愿进行判断。

70岁及以上人口：70岁及以上在外省定居者，占跨省流动人口比例极低（0.74%），这部分人群已经退出劳动力市场，一般情况为随子女养老，已经在城市定居。

50~69岁人口：20世纪四五十年代出生队列人口，这部分人群在城镇以工作为主，人口只占全部跨省流动人口的6.54%，随着年龄增加，会逐步退出劳动力大军，未来几乎全部返乡。

40~49岁人口：20世纪60年代出生队列人口，这部分人群占全部流动人口规模的17%，他们已经属于高龄劳动力人口，未来返乡比重会相对较高，一半以上的人会返乡。

30~39岁人口：20世纪70年代出生队列人口，这部分人群占全部流动人口规模的25.38%，占流动人口中劳动力的1/4，未来返乡意愿较低。

15~29岁人口：典型的新生代流动人口，很多人就是在城镇中长大，与上一代相比，有一定文化知识和职业技能，青睐城市生活，未来20年随着城镇化逐步推进。其中，15~19岁新生代流动人口可能会根据父母的去留决定自己未来的方向。

14岁及以下人口：这部分人群的绝大部分跟随父母在城镇生活，并接受城镇的基础教育，不具备务农意愿和能力，对城镇生活有强烈依赖，预计将来有大约80%会留在城镇生活和工作。

表6-1　各年龄段返乡人口比重

<table>
<tr><th rowspan="2">年龄段</th><th colspan="2">返乡比重</th></tr>
<tr><th>返乡比重假定分析</th><th>比重</th></tr>
<tr><td>0~4岁</td><td>80年代出生队列子女，随父母</td><td>0.2</td></tr>
<tr><td>5~9岁</td><td rowspan="2">70年代队列子女，随父母</td><td>0.5</td></tr>
<tr><td>10~14岁</td><td>0.5</td></tr>
<tr><td>15~19岁</td><td>60年代队列子女，一部分独立留下</td><td>0.2</td></tr>
<tr><td>20~24岁</td><td rowspan="2">80年代出生队列</td><td>0.2</td></tr>
<tr><td>25~29岁</td><td>0.2</td></tr>
<tr><td>30~34岁</td><td rowspan="2">70年代出生队列</td><td>0.5</td></tr>
<tr><td>35~39岁</td><td>0.5</td></tr>
<tr><td>40~44岁</td><td rowspan="2">60年代出生队列</td><td>1.0</td></tr>
<tr><td>45~49岁</td><td>1.0</td></tr>
<tr><td>50~54岁</td><td rowspan="4">四五十年代出生队列，假定全部返乡</td><td>1.0</td></tr>
<tr><td>55~59岁</td><td>1.0</td></tr>
<tr><td>60~64岁</td><td>1.0</td></tr>
<tr><td>65~69岁</td><td>1.0</td></tr>
</table>

续表

年龄段	返乡比重	
	返乡比重假定分析	比重
70~74 岁	随子女养老者，假定一半返乡	0.5
75~79 岁		0.5
80~84 岁		0.5
85+		0.5

二、返乡人口规模预测

在分年龄返乡比重的基础上，对未来返乡流动人口的规模进行预测，如图6-1所示。到2030年，返乡流动人口呈现不断增高的趋势。2020年时返乡人口总规模在1830万人左右，2030年返乡人口总规模为3485万人左右。

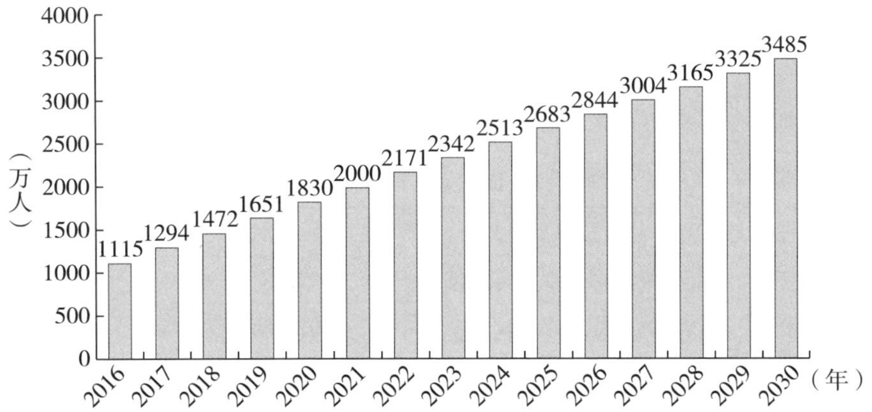

图6-1 未来返乡人口规模趋势

第二节　返乡层级分布

一、返乡层级分布意愿预测

人口市民化的分层问题是城镇化中的关键问题。在前文对返乡人口总规模预测的基础上，接下来对返乡流动人口的返乡区域层级进行预测。

普查中将户口登记地类型分为街道、镇的居委会、镇的村委会和乡四种类型，户口登记地不同的流动人口其返乡的方向也有所不同。在调研中发现，来自街道的流动人口绝大部分原住地是地级市的市辖区，推断其未来返乡方向基本都是到户口所在地的市辖区；来自镇的居委会的流动人口基本为县城（县级市）的城镇人口，推断未来返乡时约40%到户口所在地的市辖区，60%到户籍所在地的县城。不同户口登记地的流动人口返乡情况如表6－2所示。

表6－2　流动人口返乡层级分布

六普户口登记地类型	推算原住地	返乡方向	不同层级比重
街道	绝大部分地级市市辖区	市辖区	1.0
镇的居委会	县城（县级市）的城镇人口	市辖区	0.4
		县城	0.6
镇的村委会	县城以外城乡接合部的农业户籍人口	市辖区	0.3
		县城	0.3
		镇（乡）	0.2
		村	0.2

续表

六普户口登记地类型	推算原住地	返乡方向	不同层级比重
街道	绝大部分地级市市辖区	市辖区	1.0
乡	远离县城的农业户籍人口	市辖区	0.2
		县城	0.3
		镇（乡）	0.2
		村	0.3

在前文对返乡人口总规模预测的基础上，以返乡层级比重为权数，推测未来我国返乡人口的空间分布。到2030年时返乡流动人口返回户籍所在地市辖区的规模为1222万人左右，返回到户籍所在地县城的比重约为1014万人，返回到户籍所在地镇的比重约为571万人，返回到户籍所在地的乡的比重约为679万人。

二、返乡人口层级分布预测

前文的返乡人口预测针对的是远程流动人口（跨省流动人口）中，中部地区、西部地区和东北地区跨省流动人口的返乡规模。除却跨省流动，省内流动人口也是市民化的主要对象。从省内流动人口户口登记地及现状地的类型看，我们将“乡—城市”“乡—镇”“镇的居委会—城市”“镇的村委会—城市”“镇的村委会—镇”五类流动人口作为省内流动人口中需要市民化的对象。

表6－3　全国返乡人口及空间分布预测（万人）

	合计	市辖区	县城	镇	乡
2016年	1115	391	324	183	217
2017年	1293	453	376	212	252
2018年	1472	516	428	241	287
2019年	1651	579	480	270	321

续表

	合计	市辖区	县城	镇	乡
2020年	1829	641	532	300	356
2021年	2000	701	582	328	389
2022年	2171	761	631	356	423
2023年	2341	821	681	384	456
2024年	2512	881	731	412	489
2025年	2683	941	780	440	522
2026年	2843	997	827	466	554
2027年	3004	1053	874	492	585
2028年	3164	1109	920	518	616
2029年	3324	1165	967	545	647
2030年	3485	1222	1014	571	679

三、返乡空间分布预测

据此，在2010年第六次全国人口普查数据的基础上，东部地区省内流动人口中需要城镇化的人口规模约为3736万人，东北地区省内流动人口中需要城镇化的人口规模为539万人，中部地区和西部地区规模相对较大，分别约为2166万人和2505万人。

表6-4 省内流动人口需要城镇化的规模

现住地	省内流动（人）					省内流动人口中需要城镇化的人口（万人）
	小计	乡	镇的居委会	镇的村委会	街道	
全国	168312332	31480670	21440381	59385952	56005328	
城市	110507055	16245802	12355162	33054859	48851232	
镇	38717322	10339618	6731421	17462329	4183954	
乡村	19087955	4895251	2353799	8868764	2970142	

续表

现住地	省内流动（人）					省内流动人口中需要城镇化的人口（万人）
	小计	乡	镇的居委会	镇的村委会	街道	
东部地区	68428936	8129679	8720939	27798330	23779989	3736
城市	49748440	5077125	5952354	17455269	21263692	
镇	12456017	2108520	2011712	6769281	1566504	
乡村	6224479	944034	756873	3573779	949793	
东北地区	16370070	2479564	1474256	3584026	8832225	539
城市	11808658	1303284	774097	1836436	7894841	
镇	2399293	592377	482832	884318	439766	
乡村	2162119	583903	217327	863272	497618	
中部地区	39025719	10055679	5084482	11959301	11926256	2166
城市	23681080	4982540	2541011	6145848	10011681	
镇	11011261	3812193	1934659	4175009	1089400	
乡村	4333378	1260946	608812	1638445	825175	
西部地区	44487607	10815749	6160705	16044295	11466858	2505
城市	25268876	4882853	3087699	7617306	9681018	
镇	12850751	3826528	2302218	5633721	1088283	
乡村	6367980	2106368	770787	2793268	697556	

四、市民化落地可行性

流动人口的分布集中在东部沿海地区，而且未来会有一部分人返乡。在对市民化的预测中，对其返乡层级分布和返乡空间分布的预测，可以从以下两个角度进行市民化推广。

第一，依托东部城市做好远程迁移人口的市民化问题，落实远距离迁移“1亿”市民化的目标。从存量来看，2010年第六次全国人口普查有

8586万远程迁移人口，其中未来2030年前中部、西部与东北地区返乡人口规模在3500万左右；同时，2010年第六次全国人口普查东部地区省内人口流动规模为3700多万。即东部地区需要市民化人口为8700万（8586万存量远程流动人口－3485万中西部及东北返乡远程流动人口＋3736万省内流动人口）。

第二，依托中西部地区对本省流动人口的市民化实现“引导1亿人口在中西部地区就地城镇化”任务，落实“1亿”就近城市化的目标。从存量人口来看，中部地区、西部地区和东北地区省内流动人口5210万（2166万＋2505万＋539万），同时加上未来2030年前中部、西部与东北地区返乡人口规模在3600万左右，中西部及东北部地区需要市民化人口为8882万人。

第七章

均等化公共服务配置推动市民化

强化市民化中的财政保障

供给模式与社保转移

当前流动人口规模大、流动时间长，流动人口尤其是新生代群体社会融入诉求高，市民化任务紧迫，通过市民化推动流动人口家庭化迁移是核心问题。

为完成这一任务，应该进一步完善并推广积分落户等政策，推动流动人口市民化工作，实现人口流动家庭化，依托东部城市做好远程迁移人口的市民化问题、依托中西部地区对本省流动人口（包括返乡流动人口）实现“乡—城空间流动”。进一步加快公共服务配置，推动包括未市民化流动人口在内的流动人口的社会融入。探索健康住房解决方案，实现居者有其屋；构建覆盖全面的养老、医疗保障体系并提高保障水平，实现“老有所依”“病有所医”；提升学校容纳量，实现学龄儿童“有书读、有学上”。

新型城镇化过程中人的发展是通过人的两个流动促进两个转化来实现中国社会结构现代的过程，农业转移人口市民化既是起点，也贯穿其中，是以人为本，谋求全社会发展的重要任务，中国所有地区、所有等级城市都面临农业转移人口市民化的任务。

农业转移人口市民化不仅仅是狭义上的使农业转移人口在城镇落户，更是指农业转移人口全面发展的过程，不仅使其享受公平的公共服务，而且在城市得到全面发展和上升的通道，是一个人口发展现代化的过程。这就意味着农业转移人口市民化包括迁移人口家庭化、家庭生活社区化、人力资源资本化。

结束2亿农业转移人口长期妻离子散的非正常生活状态，建立正常的家庭生活秩序，这是人类身心健康的前提，更是中国城市社会健康发展的微观基础。通过多种途径为农业转移人口创造正常的社区生活条件，这是城市居民建立良好的邻里关系、感受社会尊重、积累社会资本的基础条件。同时依托社区配置公共服务，是促进公共服务均等化的合理路径。

尊重人的经济属性，结束农业转移人口长期缺乏培训、停留于低素质的状态。建立全覆盖多层级低成本的职业晋升机制，并与基础工资收入挂钩，为所有农业转移人口通过努力提高自我、增加收入、实现自我建立上升的通道。

最终，对于农业转移人口市民化，应实现以下几个目标：一是学者有其校，流动儿童的学前教育得以解决，义务教育及异地高考政策进一步完善；二是劳者有其业，消除用工歧视，加强职业技能培训，实现充分就业，特别需要指出的是，中国目前的农业转移人口大部分是新生代农民工，他们接受了一定的基础教育，甚至专业教育，可培训、能创新；三是老者有所依，充分重视流动老人以及因流动造成的留守老人的养老问题，探索因地制宜的、适合城乡特色的养老模式；四是病者有其医，以医疗保险为契机，探索城乡统一的公共服务。

第一节　强化市民化中的财政保障

一、市民化重点：大城市外来人口市民化

根据第六次全国人口普查数据，2010 年我国跨省流动人口共计 8588 万，占全国流动人口的 36%。这些流动人口大部分分布在大城市，如图 7－1所示，跨省流动人口分布总量排名前三的城市跨省流动人口数量总和就已占到全国总量的 25.4%，排名前十的城市就已占到全国总量的 50.6%。我国相当一部分流动人口都聚集在大城市，使解决大城市外来人口市民化问题成为中国外来人口市民化的重点。

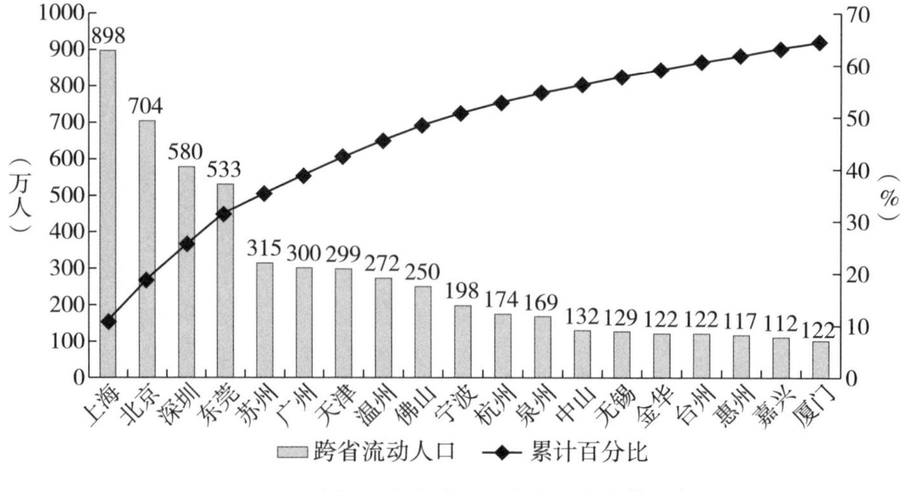

图 7－1　中国跨省流动人口在主要城市的分布

资料来源：2010 年第六次全国人口普查数据。

公共服务非均等化配置，是造成城乡二元结构的重要原因，也是导致人口过分集中于大城市进而产生交通拥堵、环境恶化等“大城市病”的重要原因。因此，创新公共服务均等化配置制度，努力推动全国范围公共服务均等化，对城镇化健康发展具有重大意义。

二、财政保障：构建与常住人口匹配的财政转移支付制度

完善规划和财政保障机制，逐步建立与常住人口规模相挂钩的公共资源配置和财政转移支付制度。在城市规划时，以常住人口规模为基数，合理配置城市基础设施（绿地、公园等）和日常生活服务设施（学校、社区医院等）。同时，按照财力和事权相匹配原则，省级财政要以常住人口规模为基数加大对各地城镇化发展工作的支持力度。城市政府应承担农业转移人口的公共教育服务、公共就业服务、公共医疗卫生、社会保障、保障性住房以及市政设施等方面的公共成本。尤其要保障随迁子女义务教育权利，进一步落实贯彻流动人口子女接受义务教育“两个为主”政策，保证农民工随迁子女平等接受义务教育，并做好与高中阶段教育的衔接，保障农业转移人口随迁子女和城镇居民子女享有平等地接受城镇教育的机会，城镇新建和扩建学校项目优先安排农业转移人口集中居住区。

根据对我国人口年龄结构的预测，中国 2020 年将进入深度老龄化阶段，我国财政在配置公共资源时，应加大对养老设施的配置力度。

第二节　供给模式与社保转移

一、供给模式：市场与政府共同合作

正确处理好市场和政府关系，创新公共服务供给模式。

第一，要发挥市场在资源配置中的决定性作用，最大限度地放开市场决策空间。在公共服务领域放宽市场准入标准，凡社会能办好的，适合采取市场化方式提供、社会力量能够承担的公共服务，尽可能交给社会力量承担，有效解决一些领域公共服务产品短缺、质量和效率不高等问题。制定非公有制企业进入特许经营领域的办法，鼓励社会资本参与城市公用设施投资运营。处理好城市基础设施服务价格问题，既要保护消费者利益，又要让投资者有长期稳定收益。

第二，强化政府公共服务职能，创新公共服务供给模式。政府应进一步强化公共服务职能，更好地发挥政府在创造制度环境、编制发展规划、建设基础设施、提供公共服务、加强社会治理等方面的职能。

第三，创新公共服务供给模式，有效动员社会力量，构建多层次、多方式的公共服务供给体系，提供更加方便、快捷、优质、高效的公共服务。在城市公共服务领域更多地利用社会力量，加大政府购买服务力度。通过发挥市场机制作用，把政府直接向社会公众提供的一部分公共服务事项，按照一定的方式和程序，交由具备条件的社会力量承担，并由政府根据服务数量和质量向其支付费用。

二、社保转移：完善社会保险转移接续办法

逐步完善社会保险转移接续方法，推动平等享受城镇社会保障。将农业转移人口纳入所在城镇的养老保险、医疗保险、最低生活保障和住房保障体系等社保覆盖范围，为农业转移人口的生存和发展提供坚实可靠的社会保障。农业转移人口在城镇居住地从事个体经营（无雇工）以及灵活就业的，可以个体经营者、灵活就业人员身份在居住地参加或接续城镇职工基本养老保险。持有居住证的本省农业转移人员，未稳定就业且未参加企业职工基本养老保险的，可在居住地参加城乡居民社会养老保险、城镇居民医疗保险。

第八章

流动人口及农村人口的发展

新市民社会流动机制与政策

农村人口发展制度与政策

流动人口未来发展包括继续留在城市与返乡两种方式，通过市民化与农村全面发展“两条腿”实现家庭团圆下的和谐发展。加强流动人口职业培训，建立全新的教育体系，为流动人口创造上升为中产阶级的社会的和经济的通道。

注重“两手抓”，促进农村发展。在新型城镇化建设中，同时做好新农村发展工作，缩小城乡差距，为留守人口或者返乡人口提供更好的生活环境和工作环境。明确新农村基本公共服务均等化标准，缩小城乡差距；逐步构建城乡统一的社会保障体系，提高农村居民社会保障水平；重塑现代农业经营主体，培育适应农村人口转移和村庄变化的新形势的新型农民，引入社会资本进行劳动力职业培训，提高农村劳动效率及劳动力转移就业的效率；增强基层领导干部以民为本的治理理念与治理能力，完善村民参与公共事务治理的平台和机制、提高村民的生活归属感，促进村民自觉保持乡村风貌、传承民族文化和地域文化特色，实现农村生活安定有序、乡土文化后继有人。

第一节　新市民社会流动机制与政策

“乡—城流动”实现了流动人口的空间流动，但是以人为本的新型城镇化要求我们不仅仅是推动城镇化水平的进展，同时需要强调人的社会流动，实现真正意义的流动。对此，本书认为通过构建公平的制度提升居民的社会认同感；通过职业培训提升流动人口就业技能以推动流动人口向中产阶级流动；通过城市管理制度层面创新社区管理促进流动人口社会融入。

一、公平制度：提升居民的社会认同感

中国至今尚未形成稳定的橄榄型社会结构，中间阶层总体比例较小，阶层固化的趋势明显加速：一是社会纵向流动的通道日渐狭窄，下层社会向上流动受阻，社会结构调整速度变慢，制度变革与调整的动力减弱；二是代际流动途径小，“拼爹”年代一方面限制了优质教育的公民公平享有权，另一方面成为就业中一种“硬件”条件，并使得世袭贫穷成为人们不得不面对的现实。根据中国人民大学“农民工调查”数据发现，农民工第一份外出工作的工作类型与当前工作类型有很大的一致性，这也反映了社会阶层固化的现象。

建立机会平等、规则平等的用人制度，保障符合条件的人员公平竞争工作岗位的权利；保障所有公民享有平等接受优质教育的权利，

为代际流动提供起点公平的保障。社会阶层固化解决方案为：一是完善所有制结构和分配制度，实现阶层合理分化和趋中性流动；二是建构有效的社会保障机制，避免弱势阶层失去流动能力；三是完善就业结构，推进城乡统筹的有序深化；四是实现优质教育的公平享有权，确保起点公平。

二、职业培训：推动其向中产阶级流动

加强流动人口职业培训，建立全新的教育体系，为流动人口创造上升为中产阶级的社会的和经济的通道。要建立健全对农业转移人口的职业培训体系、丰富培训内容、加大培训投入、提高培训质量等举措，逐步构建起对农业转移人口职业培训的长效机制。借鉴英国的国家学分累积资格证书框架体系，完善学分累积晋级理念，建立多层级细分行业的职业培训和晋升机制，全面广泛地积累人力资本，培育农业转移人口转化为中产阶级的就业和创业能力，乃至创造和创新能力。通过教育和培训，增强人们对未来生活的可预知性，增强对自我人力资本投资、个人学习效益的可预见性。

专栏：英国国家学分累积资格证书框架体系 QCF 的特点及启示

英国 20 世纪 80 年代首先开始建立职业资格证书框架体系，规范职业标准。英国的先进性及特点：

1. 技术细分：英国官网公布的国家颁发经注册受信任资格证书分 15 个行业 28597 种技能，其中 2013 年生效 4592 种。中国共 1071 种技能，2013 年仅新增 1 个。

2. 多层级技术晋升体系：英国资格证书分为从入门级到第八级（Entry Level ~8）共 9 个级别。中国的职业代码共分 4 级。

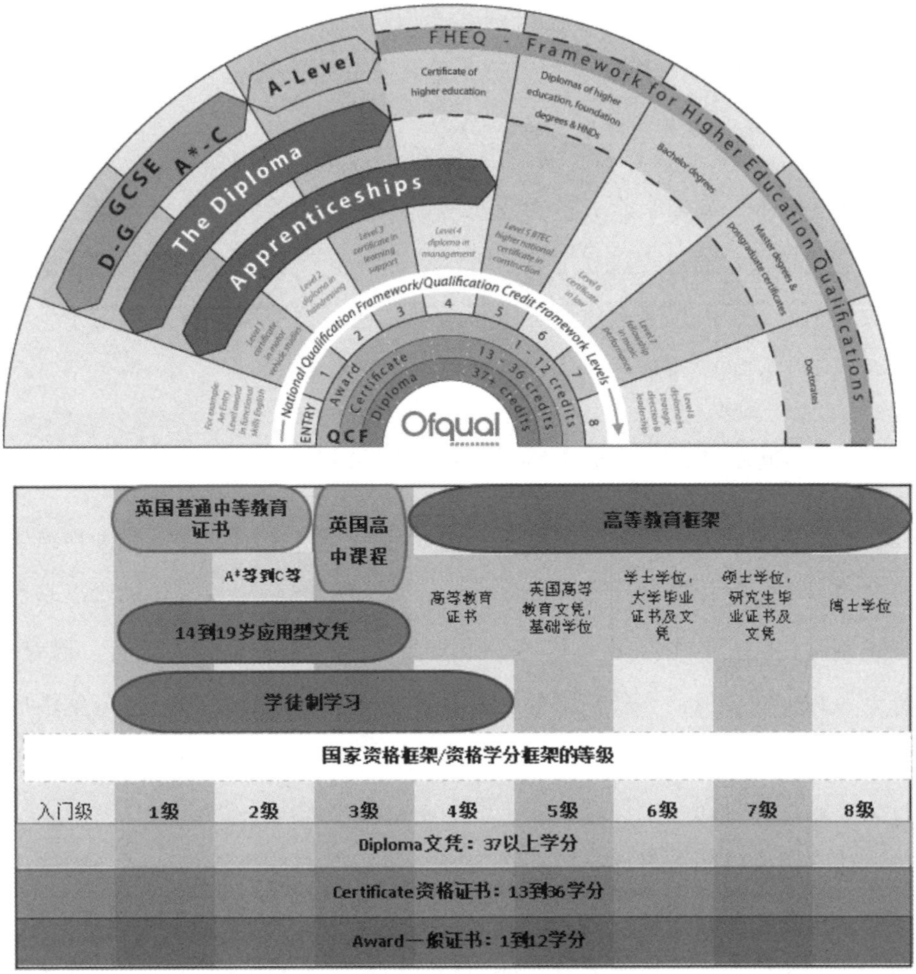

英国国家学分累积资格证书框架体系 QCF

3. 专业变换成本低：英国职业技术之间以及职业资格与高等教育资格之间可以互通，资格学习和考试对本领域技术要求入门可差异化，毕业要求标准化。中国通道不畅，入门对本专业领域技术要求标准化，并且重工作时间。

4. 交易成本低：资格信息查询、培训机构、考试机构、鉴定方式等信息公开透明对称，规则清晰、规范。中国交易成本高。

英国义务教育后阶段（相当于我国高三及以上）成人在学率为75%以上；中国中新网“第九次全国国民阅读调查”初步成果显示，2011年成人图书阅读率为53.9%。

强化企业、政府、个人三大职业培训体系，完善终身教育体系。企业建立定期培训，通过立法规定员工每年培训不少于10天的培训制度；通过税收减免方式，鼓励企业对员工进行培训；通过学费减免方式引发个人的学习兴趣，例如，考取技能证书后返还一半学费等。

三、城市管理：促进流动人口社会融入

建立完善的人口服务管理体系，公共服务与管理相一致。促进户籍制度改革，推行居住证制度，建立实有人口服务管理全覆盖体系。建立与居住证制度相配套的各项政策措施，建立与之相匹配的社保、教育、医疗、养老及相关社会权益和公共服务。提高服务管理精细化水平。规范生活成本和公共服务价格，取缔非正规就业和不合理居住。规范用工单位的用工行为，满足签合同、上保险、保工资的基本要求和用工成本。

建立以人口调控为导向、符合市场经济规律的社会治理体系。构建由政府、市场、非政府组织和个人协同治理的格局。坚持“政府制定政策、市场决定岗位、个人决定去留”的原则，以成本调控为突破口，推进居住证管理，提供渐进式服务。建立区域人口统计信息平台。加强城市管理，取缔无照非法经济活动，遏制各种扰乱社会秩序和城市环境的行为。清理业态、规范经营标准。

建立“以人为本”的城市管理机制，创新社区治理机制。在城市更新中实现流动人口社区化管理，促进流动人口的社会融入。推动流动人口享受本地居民同等的公共服务权利，在公共设施及相应公共服务的配套建设中，根据常住人口规模配置；在社会管理中，推动流动人口参与管理公共

事务的权利，达到一定年限后享有选举权，但是不能参与和享受集体资产经营和分配的权利。在此过程中，以社区化管理方式逐步实现流动人口迁移家庭化、家庭生活社区化、社区生活艺术化、社区治理民主化。通过社区服务信息化，为农业转移人口搭建可获得的、便利的信息平台，引导居民更好地融入社区；通过社区生活艺术化，重构城市空间，激发社区活力，引导居民更好地享受社区；通过社区治理民主化，形成多元治理主体；通过数字化管理手段，引导居民更好地融入社区。

第二节　农村人口发展制度与政策

在推动市民化进程的同时，通过农村建设推动返乡人口家庭和谐发展。注重两手抓工作，在新城镇化建设中，同时做好新农村发展。明确新农村基本公共服务均等化标准，缩小城乡差距；逐步构建城乡统一的社会保障体系，提高农村居民社会保障水平；重塑现代农业经营主体，培育适应农村人口转移和村庄变化的新形势的新型农民，引入社会资本进行劳动力职业培训，提高农村劳动效率及劳动力转移就业的效率。增强基层领导干部以村民为本的治理理念与治理能力，完善村民参与公共事务治理的平台和机制、提高村民的生活归属感，促进村民自觉保持乡村风貌、传承民族文化和地域文化特色，实现农村生活安定有序、乡土文化后继有人。

一、公共服务：明确公共服务均等化标准

合理安排县城、乡镇和中心村等各个层级公共服务设施的配置等级和覆盖范围。推进公共服务网络向县以下延伸，一般乡镇地区全面落实基本公共服务覆盖、减小服务半径，以小城镇为龙头形成公共服务中心服务圈。以公共服务供给的实际需求为核算基础，建立规范的

财政转移政策，保障所有同级地方政府具有提供相同质量均等化公共服务的财政能力。建立试点县市或乡镇，实行独立核算的财政管理体制，逐步探索地方的财政收入和财政支出脱钩、试点地区公共服务供给成本与市区分担，建立起与市中心城区无差别化的基本公共服务供给体系，并进行差异化的目标绩效考核，使地方政府对公共服务机构的资源配备与实际需求匹配。

二、社会保障：构建城乡统一的保障体系

建设“统筹城乡社会保障典型示范区”，实现城乡社会保障体系“三并轨”。一是推进农村新型农村合作医疗与城乡居民医疗保险并轨、农村居民与城镇居民享受同等医疗保险待遇；二是参加农村养老保险的农村居民，按规定换算、转移后纳入城保体系，实行统一的城乡居民养老保险；三是城乡各类企业务工的农民工全部纳入城镇企业职工保险。逐步提高农村补贴标准，争取到2020年建立省域范围内实现城乡统筹的社会保障制度，增强农民对生活安全感的预期，逐步削弱土地的社会保障功能。特别在中长期内，健全农村留守儿童、留守妇女、留守老年人关爱服务体系，不断加强农村养老服务的财政支出、机构配置，支持乡镇五保供养机构改善设施条件并向社会开放。不断完善农村养老制度设计，建立可持续、多元的养老模式，破解农村养老困境。

三、农业发展：重塑现代化农业经营主体

适应农村人口转移和村庄变化的新形势培育新型农民。推动户籍与农村产权制度改革，引导更多人才、技术、资金等要素投向农村，完善农产品价格补贴等激励政策、完善农业保险制度，减少对农业投资的短期行为。一是加强对农民的技能培训和素质教育，加快构建涵盖农业科技下乡、现代化的物流与营销渠道建设和面向“三农”的金融服务等的农村综

合服务体系，增强农民的综合生产能力、抗风险能力和市场竞争能力；二是推进承包经营权流转，鼓励农业科技人员、具有市场经营头脑的年轻人到农村创业，引导工商业资本到农村发展适合企业化经营的现代种养业，向农业输入现代生产要素和经营模式；三是创新农业经营方式，建立企业主与农民、创业者协同共生的产业发展模式，培育地方农业产业可持续发展的带头人。

四、劳动市场：培育成熟高效劳动力市场

一方面，在劳动力自主就业为主的基础上，引入社会资本进行劳动力职业培训，主要是各项企业岗位技术培训。针对省内产业转型升级和未来劳动力短缺的困境，实施校企合作、订单式培训等模式，加快培养企业发展升级中急需的技术工人。另一方面，完善城乡劳动力资源库、岗位信息库、求职信息库建设，实现就业信息联网共享，提供免费就业信息服务，提高农村劳动力转移就业的效率。

五、基层治理：创新农村的基层治理机制

增强基层领导干部以村民为本的治理理念与治理能力，完善村民参与公共事务治理的平台和机制、提高村民的生活归属感，促进村民自觉保持乡村风貌、传承民族文化和地域文化特色，实现农村生活安定有序、乡土文化后继有人。一是系统推进乡镇、村党支书记公推直选、民主评议，增进群众对政府的信任；二是紧密结合新型农村社区建设与乡镇、村庄规划，在农村土地和房屋确权、村级公共服务设施规划建设和经费管理等方面，构建新型村民治理机制，发挥村民进行自我管理的积极性和创造性，将农村的社会问题化解在基层；三是重视乡村文化建设、挖掘乡土文化传承人，建设美丽乡村、特色村寨和民居，要建立在增强村民自我认同感的基础上。

参考文献

1. 陈丙欣，叶裕民. 中国流动人口的主要特征及对中国城市化的影响. 城市问题，2013 年（3）.

2. 陈卫，吴丽丽. 中国人口迁移与生育率关系研究. 人口研究，2006（1）.

3. 陈卫，刘金菊. 人口流动家庭化及其影响因素. 人口学刊，2012（6）.

4. 程姝. 城镇化进程中农民工市民化问题研究. 东北农业大学，2013.

5. 曹加平. 农村留守儿童心理发展问题及策略思考. 教育科学论坛，2005（10）.

6. 杜鹏，李一男，王澎湖，林伟. 流动人口外出对其家庭的影响. 人口学刊，2007（1）.

7. 杜鹏，丁志宏，等. 农村子女外出务工对留守老人的影响. 人口研究，2004（6）.

8. 杜荣芳. 从社会性别视角看农村“留守妻子”现象. 农村经济，2007 年（6）.

9. 段成荣，周皓. 北京市跨省迁入人口特征分析. 人口学刊，1998

（6）.

10. 段成荣，杨舸，张斐，卢雪和. 改革开放以来我国流动人口变动的九大趋势. 人口研究，2008（6）.

11. 段成荣，吕利丹，邹湘江. 当前我国流动人口面临的主要问题和对策. 人口研究，2013（2）.

12. 段敏芳. 中国人口迁移流动现状及发展趋势. 中南财经政法大学学报，2003（6）.

13. 何瑞菲. 社会学视野下的留守儿童教育研究——留守儿童与文化竞争力培养. 淮北职业技术学院学报，2006（8）.

14. 胡桂兰，邓朝晖，蒋雪清. 农民工市民化成本效益分析. 农业经济问题，2013（5）.

15. 黄爱玲. 留守孩心理健康水平分析. 中国心理卫生杂志，2004（5）.

16. 黄应圣，刘桂平. 农村“留守孩子”道德品质状况的调查与思考. 教书育人，2004（22）.

17. 黄润龙，杨来胜，潘金洪，尹勤. 女性流动人口婚姻状况及其影响因素研究. 南京人口管理干部学院学报，2000（3）.

18. 李金涛. 农村留守孩现象亟待关注. 中国改革（农村版），2003（6）.

19. 李庆丰. 农村劳动力外出务工对“留守子女”发展的影响——来自湖南、河南、江西三地的调查报告. 上海教育科研，2002（9）.

20. 刘文明. 留守妻子与社会和谐：社会资本视角的分析. 社会科学，2007（3）.

21. 罗霞，王春光. 新生代农村流动人口的外出动因与行为选择. 浙江社会科学，2003（1）.

22. 孙琼如. 农村留守妻子家庭地位的性别考察. 中华女子学院山东分

院学报，2006（2）.

23. 孙鹃娟.劳动力迁移过程中的农村留守老人照料问题研究.人口学刊，2006（4）.

24. 孙鹃娟.成年子女外出状况及对农村家庭代际关系的影响.人口学刊，2010（1）.

25. 王放.中国城镇化进程中的流动人口子女受教育问题.中国青年研究，2005（9）.

26. 王跃生.当代中国家庭结构变动分析.中国社会科学，2006（1）.

27. 吴霓.农村留守儿童问题调研报告.教育研究，2004（10）.

28. 殷京生.城市、城市发展与城市流动人口.天府新论，2003（1）.

29. 杨菊华.从隔离、选择融入到融合：流动人口社会融入问题的理论思考.人口研究，2009（1）.

30. 叶裕民，黄壬侠.中国流动人口特征与城市化政策研究.中国人民大学学报，2004（2）.

31. 张斐，孙磊.大城市流动人口居住状况研究.兰州学刊，2010（7）.

32. 张建丽，李雪铭，张力.新生代农民工市民化进程与空间分异研究.中国人口·资源与环境，2011（3）.

33. 张文宏，雷开春.城市新移民社会融合的结构、现状与影响因素分析.社会学研究，2008（5）.

34. 张艳萍.农村“留守子女”的教育问题及对策研究.当代教育科学，2005（13）.

35. 翟振武，段成荣，毕秋灵.北京市流动人口的最新状况与分析.人口研究，2007（2）.

36. 赵娟. 城市流动人口子女教育的现状. 社会，2003（9）.

37. 赵耀辉，刘启明. 中国城乡迁移的历史研究：1949—1985. 中国人口科学，1997（2）.

38. 郑真真. 中国流动人口变迁及政策启示. 中国人口科学，2013（1）.

39. 周福林. 我国留守家庭状况的统计研究. 河南教育学院学报（哲学社会科学版），2007（6）.

40. 周福林，段成荣. 留守儿童研究综述. 人口学刊，2006（3）.

41. 朱传耿，顾朝林，张伟. 中国城市流动人口影响因素的定量研究. 人口学刊，2002（2）.

42. 朱传耿，马荣华，甄峰，等. 中国城市流动人口的空间结构. 人文地理，2002 年第 1 期.

43. 卓瑛. 农村留守老人问题刍议. 农业考古，2006（6）.

44. Cindy Fan. Inter – provincial migration, population redistribution and regional development in China: 1990 and 2000 census comparisons. The Professional Geographer, 2005 (2).

45. Dwayne Benjamin, Loren Brandt, and Scott Rozelle (2000), Aging, well – being, and social security in rural north China. Population and Development Review, Vol. 26, pp. 89 – 116.

46. Gui, S. X (1988), Report from Mainland China: Status and Needs of Rural Elderly in the Suburbs of Shanghai, Journal of Cross – Cultural Gerontology, 3 (2): 149 – 167.

47. Hugo, G. (2001), Effects of International Migration on the Family in Indonesia. APN Workshop on Migration and the Family in a Globalizing World, Singapore.

48. You, Helen Xiuhong and Dudley L. Poston, Jr. 2004. Are Floating Mi-

grants in China Childbearing Guerillas: An Analysis of Floating Migration and Fertility. Asia and Pacific Migration Journal Vol. 13, No. 4.

49. Raohe murphy (1999), Return migrant entrepreneur and economic diversification in two counties in south Jiangxi, china. Journal of International Development, pp. 661 – 672.

50. Yuan, F. (1987), the Status and Role of the Chinese Elderly in Families and Society. In J. H. Schulz and D. D..

51. Wilensky. H. L. (2002), Rich demographics: political economy, public policy and performance, University of California Press.

52. Hugo, G. (2001), Effects of International Migration on the Family in Indonesia. APN Workshop on Migration and the Family in a Globalizing World, Singapore.

后　记

改革开放以来，我国的城镇化建设加快推进。在城镇化快速发展的同时，流动人口随处可见已成为我国人口发展最显著的特点之一，不仅造成了家庭成员的长时间分离，还给家庭的和谐稳定带来冲击。同时，大多数农民进城后，不仅难以享受到与城里人同等的待遇，还在子女教育、就业、住房、养老、医疗保障等问题上面临一系列障碍，致使城镇化质量不高、农民工市民化滞后、人口过于向大城市集中而引起的“城市病”等问题接连出现。针对这些问题，党的十八大提出了“新型城镇化”的概念，一改以往“以增长为导向”的传统城镇化发展模式，进而转向“以人为本”的新型城镇化发展道路，其中，推动流动人口市民化正是新型城镇化发展的核心。因此，在新型城镇化进程中，改善流动人口现状、缩小流动人口与市民差距、实现家庭团圆正是需要探索的关键性问题。

本书正是对该问题的初步探讨，也是我博士后阶段所做研究的总结。从人口学专业向城市规划与管理专业“跨越”的过程中，合作导师叶裕民教授给予我充分的指导与帮助，拓展了自己的研究视野，并在相关的研究中充分发挥人口学专业的优势，有幸参与了全国城镇体系规划、京津冀一体化战略研究和四川省、山东省、广州市、抚顺市等地方城镇体系规划研究课题，因而本书也借鉴了之前课题研究的相关内容。

2017年，我有幸结识安静老师和石钰艳编辑，她们热情的态度和敬业的精神给我留下了美好的印象。安老师在我申报选题和修改书稿时给予了很大的帮助；石编辑在书稿的修改过程中多次与我沟通，认真细致地订正文字中的疏漏。能够同两位老师一起为书稿的修订成形而努力，我深感荣幸！同时，也感谢唐杰副教授、赵勇副研究员和李雪伟、刘安琪、陈蛟、戚斌、刘晓兵、段斯铁萌等同学在书稿写作中给予我的大力帮助。

三年的博士后生活，是一种磨炼，是一段经历，更是一份成长与收获。本书的出版，可以说为我博士后的研究画上了一个圆满的句号，但未来道阻且长，我定将继续奋力前行！当然，本书仍有诸多不足之处，我期待鼓励的同时，更期盼大家的批评指正。

杨胜慧

2017年7月

图书在版编目（CIP）数据

新型城镇化进程中的人口流动与农村家庭发展 / 杨胜慧著. —北京：中国工人出版社，2017.6

ISBN 978-7-5008-6750-0

Ⅰ.①新… Ⅱ.①杨… Ⅲ.①城市化－影响－人口流动－研究－中国②城市化－影响－农村－家庭问题－研究－中国 Ⅳ.①C924.24②D669.1

中国版本图书馆CIP数据核字（2016）第125095号

新型城镇化进程中的人口流动与农村家庭发展

出 版 人	芮宗金
责任编辑	石铥艳
责任校对	赵贵芬
责任印制	栾征宇
出版发行	中国工人出版社
地　　址	北京市东城区鼓楼外大街45号 邮编：100120
网　　址	http://www.wp-china.com
电　　话	（010）62005043（总编室） （010）62005039（营销出版部） （010）62382916（职工教育分社）
发行热线	（010）62005996 （010）82075964（传真）
经　　销	各地书店
印　　刷	北京睿特印刷厂大兴一分厂
开　　本	710毫米×1000毫米 1/16
印　　张	9.5
字　　数	180千字
版　　次	2017年8月第1版 2017年8月第1次印刷
定　　价	38.00元